我们一起解决问题

房地产营销
新媒体获客与
推广实战

米广强◎著

人民邮电出版社

北　京

图书在版编目（CIP）数据

房地产营销新媒体获客与推广实战 / 米广强著．
北京 ： 人民邮电出版社，2024. -- ISBN 978-7-115
-65230-0

Ⅰ．F293.352

中国国家版本馆 CIP 数据核字第 2024WG0681 号

内 容 提 要

新媒体的快速发展使房地产中介行业产生了重大变化。首先，客户找房的逻辑发生了变化；其次，房地产中介的工作内容发生了变化；最后，房地产中介公司的经营方式发生了变化。现在，对房地产中介来说，新媒体是一定要做的，越早开始做，越能把握线上流量，越能适应当前的市场变化。

本书主要从 IP 认知、IP 打造、IP 内容创作、IP 变现、行业解读这五个方面，系统地介绍了房地产中介行业从业人员应该如何看待和理解新媒体，如何有效地打造 IP，如何高效地输出客户感兴趣的内容，如何稳定地成交变现，以及如何通过持续地经营 IP 获得更大的成功。书中提供了大量的实战案例，可以帮助读者快速将所学方法落地。

本书适合房地产中介从业人员、房地产营销及销售人员阅读，也可以作为相关培训机构的参考读物。

◆ 著　 米广强
　　责任编辑　 陈 宏
　　责任印制　 彭志环
◆ 人民邮电出版社出版发行　 北京市丰台区成寿寺路 11 号
　邮编 100164　 电子邮件 315@ptpress.com.cn
　网址 https://www.ptpress.com.cn
　固安县铭成印刷有限公司印刷
◆ 开本：700×1000　 1/16
　印张：14.75　　　　　　　　　　2024 年 9 月第 1 版
　字数：200 千字　　　　　　　　2025 年 9 月河北第 4 次印刷

定 价：69.80 元
读者服务热线：（010）81055656　 印装质量热线：（010）81055316
反盗版热线：（010）81055315

于陈幸　上海巧房信息科技有限公司南粤大区总监

米老师一路走来，为很多做新媒体的房地产行业从业者提供了很多宝贵的经验与落地方案。他的这本新书将他的方法论和经验技巧浓缩为通俗易懂的文字，肯定能帮助更多的从业者获得成长和成功。

陈晓龙　西安安居客 N+ 门店赋能中心总监

米老师打造房地产 IP 的方法论来自亲身实践。经他指点，我们的许多业务伙伴实现了短视频流量稳定增长。"实践真知传四海"这句话用在米老师身上再恰当不过了。强烈推荐希望在短视频赛道上有所作为的伙伴们阅读米老师的新书，读完一定会有满满的收获。

杨志雄　广州市敏锐新房网络科技有限公司总经理

个人进步最快的方式不是闭门造车，而是找到跑在前面并且已经拿到结果的人，沿着他的轨迹再走一遍。我一直在借鉴米老师分享的思路和方法，并把它们运用到自己的团队中，收获很大。米老师写这本书一定花了不少心思，这本书值得好好学习、研究。

孙　强　周口百辉地产经纪公司总经理

本书毫无保留地分享了米老师从业多年积累的实操经验和方法论，可谓打造房地产 IP 的实战指南，可以帮助房地产行业从业者掌握新媒体营销的精髓。

刘永永　天津市诺家房地产中介服务有限公司客户赋能中心总监

《房地产营销新媒体获客与推广实战》是房地产中介行业从业者的必备宝典。对房地产中介公司来说，现在的问题不是做不做抖音，而是怎么做抖音。越早布局，越能把握线上流量；谁转型早，谁就能更快适应当前的市场变化。

陈　伟　浙江万豪泓居房地产集团有限公司金华城市总经理

米老师是房地产营销方面真正的行家。他的知识储备十分丰富，讲解具体项目时热情洋溢，不管是优势还是潜在的问题，都分析得十分全面且客观。他的专业和用心在《房地产营销新媒体获客与推广实战》这本书中再次得到充分的体现。

翟　青　21 世纪不动产运城区域运营负责人

米老师学识渊博，授课内容紧跟行业发展动态，给广大经纪人带来了极大的启发。米老师的这本新书是大家期待已久的，相信很快就会和他的课程一样受到广大经纪人的欢迎。

韩兆峰　青岛更赢信息技术有限公司区域总监

逢山开路不如找人引路，站在巨人的肩膀上必能事半功倍，米老师就是现在新媒体平台上房地产营销领域的巨人，希望所有仍在努力拼搏的经纪人都能在此书的帮助下驾驭流量、成就自己！

肖　雪　成都安居客 N+ 客户赋能负责人

经纪人如何在市场变化中突破束缚、加速产品曝光与销售转化？《房地产营销新媒体获客与推广实战》一书给出了答案。想要探索新媒体的从业者读了米老师的这本书，定能快速转型，抢占新媒体流量高地。

徐　波　重庆三科家悦经纪有限公司总经理

米老师给了我们团队很多的帮助和支持，他讲的课程落地效果非常好。米老师的新书《房地产营销新媒体获客与推广实战》是一本值得所有房地产中介从业者学习、研究的好书！

许佳俊　金华市房博士房产代理有限公司董事长

2023 年，米广强老师在广州市房地产中介协会举办的讲座中讲的课程"如何利用短视频高效卖房"被评为最受欢迎的课程之一。这不仅体现了米老师在短视频营销领域的专业水平，也彰显了他在房地产营销培训领域的影响力。《房地产营销新媒体获客与推广实战》不仅讲透了新媒体营销的精髓，还提供了实战技巧和案例分析，对房地产营销人员来说具有很高的参考价值。

刘　伟　定州市融媒房产经纪有限公司总经理

如果你打算在房地产中介行业持久地做下去，就一定要关注米广强老师的抖音号和新书。只要你把他的超过 1000 个作品都看完，把这本《房地产营销新媒体获客与推广实战》多看几遍，你一定能在当前的市场中保持清醒、找准自己的前进方向！

胡　青　买方市场话术训练教练

米老师应该是房地产行业最早从事短视频培训的讲师之一，不仅自己拿到了结果，还大量输出能指导实战的内容。本书没有什么复杂的理论，内容非常贴近实战，只要是房地产行业从业者都可以运用书中介绍的方法。这本书读起来非常轻松，就像米老师坐在你面前，手把手教你如何打造自己的 IP，我推荐每一位经纪人都读一下。

张德钢　成都青白江区房产中介行业工会联合会服务中心运营总监

米广强老师的课堂总是洋溢着欢声笑语，他常常妙语连珠，逗得学员们前俯后仰。他总能捕捉到生活中的点滴细节，将其与一线业务巧妙融合，让原本沉闷的房地产知识变得生动有趣。米老师的这本书内容丰富，既有深度又有广度，犹如一场知识的饕餮盛宴，给我们带来了新的成长的力量。

储江东　南通市新家园房产置换有限公司董事长

《房地产营销新媒体获客与推广实战》是一本凝聚了米老师多年培训和实操经验的精华之作。对我们这些在房地产行业摸爬滚打的从业者来说，这本书不仅提供了理论指导，更提供了实操指南。尤其是在市场变革的浪潮中，书中提出的策略和方法帮助我们准确把握住了时代的脉搏。

蔡　鑫　绍兴住好联盟运营总监

《房地产营销新媒体获客与推广实战》汇集了米老师多年来线上和线下的培训经验，内容实用、通俗易懂，给不敢转型、不懂新媒体、不会流量变现的经纪人带来了新的可能。

韩　丽　苏州更昕信息技术有限公司渠道总监

我有幸多次邀请米老师来苏州为经纪人授课，米老师从最基础的如何获取流量讲起，甚至会介绍如何设置视频封面这种细节，他的课真的是干货满满！对还没有机会在线下听米老师讲课的同行来说，《房地产营销新媒体获客与推广实战》是一本不可错过的好书！

刘志云　广州市共和房地产代理有限公司运营总监

我是米老师的粉丝，我一直建议我们团队的伙伴去关注米老师的抖音号，观看米老师的作品。米老师的新书《房地产营销新媒体获客与推广实战》思路十分清晰，内容非常落地，实用价值很高，是经纪人做新媒体必备的工具书。

鲁忠琴　厦门安居诺家信息科技有限公司运营总监

米老师的授课风格很独特，不仅风趣幽默，而且很接地气，受到了大家的一致好评。我很感谢米老师将自己的新媒体实战经验全都写进了这本书里，为希望学习新媒体获客与推广、热爱行业的经纪人提供了一部快速上手的指南。

李京岩　昆明更赢信息技术有限公司渠道总监

我多次邀请米老师来昆明做培训，每次都好评如潮。尤其是新媒体营销的课程，米老师亲自示范，提供文案和实操方法，帮助很多经纪人跨出了面对镜头的第一步。强烈推荐米老师的新书《房地产营销新媒体获客与推广实战》，这本书能帮助还在坚持的经纪人变得越来越好。

傅辰珏　南京安居客 N+ 市场部经理

我每次约米老师讲课都十分期待与他畅聊，在思维与信息的碰撞中找到新的方向。米老师不断总结自身的实践经验，总能根据广大学员的反馈，做到数据与实操相结合，他的课总是干货满满。本书汇集了米老师新媒体实战与教学的丰富经验，无论你是否打算通过新媒体获客，都应该读一下，相信你一定会大有收获。

吴清国　广州胜逸房地产代理有限公司总经理

《房地产营销新媒体获客与推广实战》介绍了米老师通过日复一日的实践总结出来的方法论，这本书能让打算或正在做短视频的同仁系统地学习、更快速地掌握相关技能，进而拿到更好的业绩。感谢米老师对我们这个行业的贡献！

陆剑毅　58 同城安居客二手房及交易业务市场部高级市场策划师

本书没有枯燥的理论，更像是一本充满实践智慧的手册，阅读每一节内容都像与米老师做了一次面对面的交流。这本书可以教你如何在抖音上精准地捕捉客户的需求，如何通过高质量的内容获得信任，如何利用工具优化营销策略，帮你在新媒体营销之路上快速成长。

陶晓珍　北京优居优住科技有限公司培训经理

历经多年的沉淀，米老师的新书终于写好并出版了。这本书凝聚了他多年的实战经验与深刻洞察，将理论与实践有效结合，渴望突破瓶颈、获得更好发展的您定能在这本书中找到房地产营销的新思路！

查冠发　周口百融房产经纪有限公司总经理

米老师的新书《房地产营销新媒体获客与推广实战》以大量的实战案例为基础，详细介绍了如何打造 IP、如何创作和拍摄短视频、如何完成变现等内容，可谓房地产从业者的新媒体实操指南！

苏进顺　珠海客第壹智能科技有限公司董事长

实践出真知，《房地产营销新媒体获客与推广实战》一书汇集了米老师多年来的实战经验，对打造 IP 的方法论、实操细节、变现模式等做了深入浅出的介绍。在短视频的大海中航行难免遇到风浪，很庆幸米老师为我们点亮了一座灯塔。

陈庆弟　湛江市裕丰房地产代理有限公司总经理

我是米老师的粉丝，米老师在抖音上发布的每一个作品我都看过，让我受益颇多。米老师这本新书里面的内容同样简明易懂，让我做短视频的思路更清晰了，赶紧把这本书推荐给身边的同事吧！

邱 天 海南百年红房地产营销策划有限公司总经理

《房地产营销新媒体获客与推广实战》是米老师多年来深耕新媒体的经验结晶，内容丰富，从新媒体平台的特点到精准营销策略的制定再到真实案例的剖析，无一不展现出米老师的深刻洞察。这不是一本讲理论的书，而是一部指导实战的指南。

李 敬 成都众诚房产经纪有限公司总经理

如何让自己的短视频脱颖而出？答案就在《房地产营销新媒体获客与推广实战》里面。米广强老师在这本书中深入剖析了短视频爆量的底层逻辑，并通过生动的案例介绍了内容创作的方法和要点。本书可以显著提升经纪人的工作效率，非常值得推荐！

龙 婷 重庆千户实业有限公司总经理

几年来，从流量到 IP 再到直播，米老师持续向我的团队赋能。米老师授课时诙谐幽默，这本书的写作风格与米老师的授课风格完全一致，读起来轻松愉快，而且读完让人感到收获满满。

周柏江 绵阳市隆达房地产经纪有限公司销售总监

米老师不仅深入钻研新媒体，而且具备利他思维，格局很大，在市场下行期帮助了大量的经纪人。我做短视频之后，每次陷入迷茫都会和米老师沟通，往往就能找到新的思路和方向。相信米老师的这本新书定能帮助大家把账号做好，提升成交量！

赵元斌 山东玖易房地产代理有限公司总裁

时代在进步，行业在发展，如果不能与时俱进，就会被淘汰。当房地产行业的获客方式从线下转向线上时，米老师走在了前面。米老师的这本书可以让经纪人从更广阔的视角看待新媒体，掌握新媒体获客与推广的知识和技能，从而增强自身优势，把工作做得更好。

刘文鹏 广佛安居客 N+ 城市总经理

我很早就关注了米老师的抖音号，也见证了这个账号的成功。在线下，我跟米老师有过多次思想碰撞。从行业经验、管理心得、行业视角到 IP 打造、内容运营、账号变现，米老师都有深入的研究。我相信米老师的这本新书定能深度赋能行业，助力经纪人在新赛道上获得成功。

李永驰 连云港百年房地产经纪有限公司总经理

面对剧烈变化的市场，很多经纪人感到无所适从。米老师的新书《房地产营销新媒体获客与推广实战》介绍如何多渠道、低成本、快速获客，提高成交率，它就像一个火把，重新燃起了我们对房地产中介行业的信心。

席庆伟　亿联控股集团策划总监

米广强老师的这本《房地产营销新媒体获客与推广实战》为大家理解新营销、搭建新平台、取得新突破提供了手把手式的指导。我希望广大同仁共同阅读此书，共同探讨，共同成长，共创行业新辉煌。

高　科　固始县宜居房地产中介有限公司总经理

米老师为人真诚，坚持长期主义，从来不会为了短期利益而"收割"粉丝。他的这本书真正做到了与时俱进，能帮助大家利用新媒体更好地开展业务、拿到好的结果。

李　凤　重庆大邦置业代理有限公司总经理

很多人说米老师非常犀利，但我认为米老师是一个非常细腻的人，总能在大家遇到瓶颈的时候精准地找出突破点，这才是好老师。米老师的这本书值得一读再读！

黄亚燕　广州裕丰咨询顾问有限公司营销副总裁

本书不仅汇集了米广强老师多年来积累的宝贵经验，还融入了他对新媒体环境下房地产营销的独特见解。无论是房地产行业的从业者，还是新媒体领域的探索者，都能从这本书中获得启发。

王新卫　渭南萃源房地产经纪有限公司董事长

米老师是短视频领域房地产赛道中当之无愧的实战专家，本书没有晦涩难懂的理论，全是实实在在的干货。无论是刚入行的新手，还是经验丰富的老手，都能从这本书中找到适合自己的成长路径和实战策略。

孟中振　深圳市开心房网投资顾问有限公司总经理

市场在不断变化，原来的获客渠道和做单方式在很多时候已经行不通了。米广强老师对房地产中介行业有深刻的理解，能一针见血地指出业务中的很多问题，这本书值得推荐。

廖　钰　广州裕丰咨询顾问有限公司培训经理

这本书是米老师十年来新媒体实战经验的结晶。如果你正在做新媒体，想要打造个人品牌，一定不要错过这本书！

张家健　长沙安居客 N+ 城市总经理

顺应市场变化、深入了解客户需求、提供更好的服务是每一位房地产行业从业者都应该做到的。本书介绍如何掌握新时代流量密码、打造个人 IP，准备或正在做短视频的房地产经纪人读了这本书一定会有所收获。

新媒体的出现，改变了很多行业的获客逻辑。以抖音为代表的短视频平台的崛起，让房地产中介行业进入了一个前所未有的变革期。

对房地产中介从业人员来说，现在的问题不是做不做抖音，而是怎么做好。抖音是一定要做的，越早布局，越能把握线上流量。谁转型早，谁就能适应当前的市场变化。

抖音给房地产中介行业带来的变化主要体现在以下三个方面。

1. 客户找房的逻辑发生了变化

房地产中介行业最早靠"信息差"吃饭，早期是依靠贴纸条、报纸广告的草莽时代，接着进入依靠搜房网、58同城、安居客、幸福里、贝壳等的互联网时代，现在是依靠短视频和直播的时代。

客户需要更加全面的信息呈现和产品呈现。体验好，客户自然会用脚投票。

短视频是移动互联网应用于信息传播领域后的必然产物，也是目前看房体验最好的形式之一。

2. 房地产中介的工作内容发生了变化

在以抖音为代表的短视频平台出现之前，房地产中介的工作内容基本都是一样的：张三负责房源、客源、带看、签约，李四也负责房源、客源、带看、签约。服务同质化十分严重，而且很容易出现内耗，客户体验一般。

对从业人员来说，只要这四项主要工作中的任何一项有明显的短板，就难以获得理想的收入。

在短视频平台出现之后，房地产中介的工作模式慢慢变成了前端加中台再加后端。

前端就是主播，负责出镜拍视频、做直播、吸引客户留下资料；中台就是运营人员，负责协助主播、做选题、写文案、拍摄、剪辑，还要跟进留资（留下个人资料）；后端就是服务人员，负责落实客户需求、匹配房源、邀约、带看、议价、谈判、提供售后服务等。

这种新的工作模式能让从业人员快速找到自己的角色，参与每一位客户的服务过程、每一张单的成交过程，尽管这是一种多边合作模式，但可以让成交量更稳定。

当然，这也要求从业人员具备一技之长，要么能出镜做主播，成为一名专业的房地产主播；要么能做运营，做幕后工作；要么能做服务，在线下为客户提供优质的服务。

这种"线上＋线下"的服务模式可以提升客户的体验，增强房地产中介行业的社会认同，往大了说是促进行业发展，往小了说是让从业人员活得更有尊严。

3. 房地产中介公司的经营方式发生了变化

资深的从业人员应该早就发现了，从 2023 年开始，房地产中介行业基本上没有中大型直营公司了，与此同时加盟平台越来越多，加盟平台逐渐取代了直营公司。

以前直营公司靠的是公司资源，靠的是规模的力量。但随着以抖音为代表的短视频平台的兴起，这种规模的力量逐渐被主播和日新月异的客户体验所冲垮。

我认为，未来一定是"平台＋小团队"的时代。平台提供业务工具，小团队针对核心业务，打造线上和线下业务的闭环。

效率是核心，转化是根本。只有这种模式才能让房地产中介公司活下去。毕竟，成交量就这么多，竞争却愈发激烈。

开发商的销售体系也是如此。在房价普涨的阶段（2009—2019年），大家都知道房价大概率会涨，开发商不需要在销售上花太多的心思。很多城市的新房供不应求，甚至出现了只有给销售人员"茶水费"才能抢到房子的扭曲现象。

2019年之后，新房越来越多，供过于求，房价增速放缓。这时，开发商才开始重视销售，并通过促销活动、开发渠道等方式拓宽销售渠道。

到了2022年，很多开发商发现，渠道成本太高，如果过于依赖渠道，很可能被渠道的销售人员"绑架"。但是，如果不找渠道，房子又卖不掉。于是，很多开发商开始考虑自己孵化置业顾问，通过短视频和直播等形式开辟新媒体推广渠道。

未来的房地产销售会更依赖线上流量，谁掌握了线上流量，谁就有机会在这片红海中脱颖而出。

以抖音为代表的短视频平台给了大家脱颖而出的机会。

但是，对于如何做好抖音，很多房地产中介从业人员是很迷茫的。

我从2021年年初开始讲关于短视频获客的线下课。截至2024年8月，短视频获客的线下课在20多个省份的200多个城市落地，总场次超过400场，学员总数超过10万人。

我一边做自媒体账号，一边给学员做线上和线下的辅导。在3年多的时间里，我总结了一些经验，也获得了一些成果。

我一直想写一本书，把房地产中介从业人员做短视频和直播遇到的问题和疑惑做一个系统的梳理，帮助大家掌握房地产类账号的运营思路，进而提升获客和转化能力。

这本书不是一本教材，更像一本工作手册，一本大家都看得懂、学得会、用得好的工作手册。就像老米的人设一样，这本书虽然不华丽，但重在真诚、真实、有料。

如果你现在还没开始做新媒体，这本书可以让你了解做账号的底层逻辑和具体流程，帮助你找到一条做新媒体的可行路径；如果你已经开始做新媒体，但在操作过程中遇到很多问题，这本书可以帮助你解决很多常见的问题，你可以把它当作一本工具书，随用随查；如果你的账号已经很成熟了，但转化效果不理想，这本书可以帮助你建立一套高效的转化流程。

这本书不能解决所有的问题，但可以帮助经纪人找到新媒体获客的痛点和方向，找到痛点就找到了起点，找到方向就找到了出路。

新媒体给经纪人带来了新的机遇，经纪人要在新媒体上多发力，获取更多的流量，充分曝光自己的 IP，连接更多有购房需求的客户。

当然，做 IP 不是一天两天的事情，经纪人需要不断提升自己的专业素养，增强对市场的认知能力，坚持每天发布一条短视频，不停地为自己所在城市的用户提供有价值的房地产行业信息。

利用新媒体不断地曝光自己，在当地建立个人品牌，跟更多有需要的客户产生连接，我认为这或许才是经纪人最好的出路。

米广强

2024 年 9 月 5 日于广州

目录

第一篇

IP 认知

|第1讲| 客户买房的五个阶段

有人说现在的房地产中介行业太"卷"了，逼着经纪人去做短视频、做直播。我认为，不是行业太"卷"了，而是客户的需求发生了改变，他们希望获得更好的服务体验。

时代在变化，作为从业人员，我们要调整自己的心态和工作模式，持续学习，一边服务客户一边提升自己，尤其是要改进工作思路和方法。

现在从事房地产中介这个行业，一定要想清楚自己的客户当前处于哪个阶段，每个阶段遇到了什么问题，每个阶段要做哪些事情。只有把这些都梳理清楚，我们才能赢得客户的信任，准确把握客户买房的进度。

客户买房一般分为五个阶段，其在每个阶段的需求是不一样的，如图1-1所示。

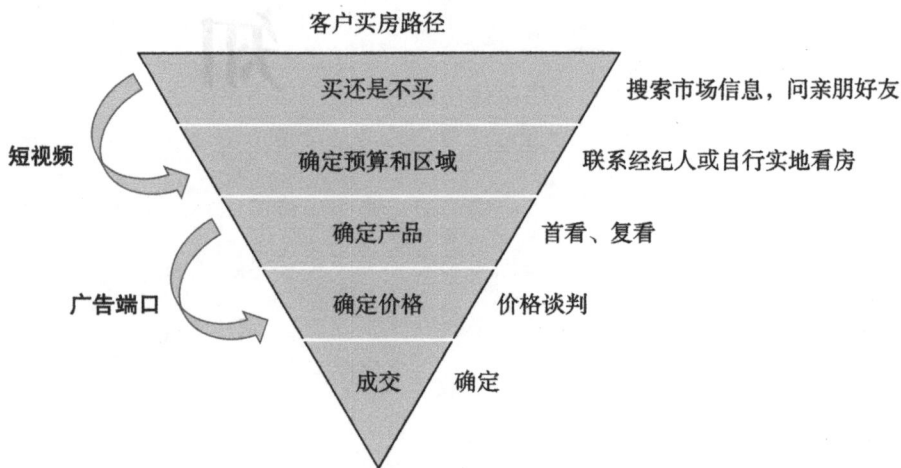

图1-1 客户买房的五个阶段

第一个阶段：了解市场信息

现在，房地产市场已经出现了明显的分化，告别了普涨，买错一套房可能会影响整个家庭未来的生活。

客户需要了解在目前的市场行情下该不该买房，要买的话应该买什么样的房、买哪里的房。客户需要了解市场信息，只有确定在目前的市场行情下确实可以买房，或者根据自身的实际情况确实需要买房，才会进入第二个阶段。

比如，客户想在广州给孩子买一套房，首付款的预算是 80 万元，这位客户需要了解多个方面的信息，比如：

今年在广州买房合适吗？

买天河区的房还是买越秀区的房？未来置换到哪里？

广州有哪些商圈、哪些板块？

广州目前的房价（新房、二手房）是多少？

总价 300 万元（首付 85 万元），在黄埔区怎么选房？

增城区哪些新房值得买？哪些二手房值得买？

在新塘镇买新房好还是买二手房好？

路劲星棠的房子值得买吗？

天河区骏景花园小区住起来怎么样？

海珠区哪些幼儿园、小学不错？

天河区北有哪些三室两卫户型的房子？

可能有人会说，在中小城市买房不需要考虑这么多问题。但事实并非如此，在中小城市买房也要考虑同样的问题。以河南省信阳市为例，在信阳买房也要考虑很多问题。

比如，客户打算在信阳给孩子买一套婚房，总价的预算是 80 万元，这位客户同样需要了解多个方面的信息，比如：

今年在信阳买房合适吗？

买浉河区的房还是买平桥区的房？未来置换到哪里？

浉河区有哪些商圈、哪些板块？

浉河区目前的房价（新房、二手房）是多少？

总价 80 万元（首付 25 万元），在浉河区怎么选房？

平桥区哪些新房值得买？哪些二手房值得买？

在羊山新区买新房好还是买二手房好？

美好未来社区的房子值得买吗？

东方今典中央城小区住起来怎么样？

浉河区哪些幼儿园、小学不错？

羊山新城有哪些三室两卫户型的房子？

第二个阶段：根据价格选区域

什么因素决定了在哪里买房呢？答案是预算。

在不同的经济条件下，客户有很多不同的选择，既可以买市区的"老旧小"，也可以买郊区的大房子；既可以买新房，也可以买二手房。

客户需要结合自身的核心需求和预算，选择合适的区域。

第三个阶段：筛选产品

客户确定了预算和区域后，下一步就要实地去看产品。

这时就会面临很多选择：新房还是二手房？市区的二手房还是郊区的新房？大平层还是复式？……

当然，客户还要结合自身的情况考虑其他方面的问题，如孩子上学的问题、大人上班通勤的问题等。

客户要做多方面的考虑，通过看一些产品最终确定选哪个小区，选什么户型，买什么产品。

第四个阶段：谈价格

客户选好产品之后，需要把价格谈到心理预期范围内，只有把价格谈拢，才会进入第五个阶段，如果价格谈不拢，第四个阶段就要反复进行。

第五个阶段：成交及售后服务

成交涉及签合同、办理按揭贷款、过户、验收等手续。

以上就是客户买房的五个阶段。现在的经纪人要学会拆解客户需求，分析客户处于哪个阶段，每个阶段遇到了什么问题，每个阶段要做哪些事情。经纪人只有主动帮客户梳理清楚这些，才能牢牢掌握主动权。

｜第 2 讲｜　做抖音做的是人设，不是做广告端口

做抖音做的是人设，千万别把抖音当作广告端口。

1. 做广告端口与做抖音的区别

做广告端口，是通过优质的房源对接经纪人和客户。只要房源足够好，把房源信息发布在贝壳、58 同城、安居客、幸福里上，就会有客户在线上咨询。

做抖音，是做经纪人。客户觉得这个经纪人还行，讲的内容也比较接地气、比较专业，客户对这个经纪人产生了兴趣，就会主动咨询，让经纪人帮他解决买房的问题。

这就是为什么很多经纪人拍了几百条关于房子的视频却依然没流量，单纯地拍房子很难吸引客户，因为房子有的是。短视频平台与广告端口的区别如图 1-2 所示。

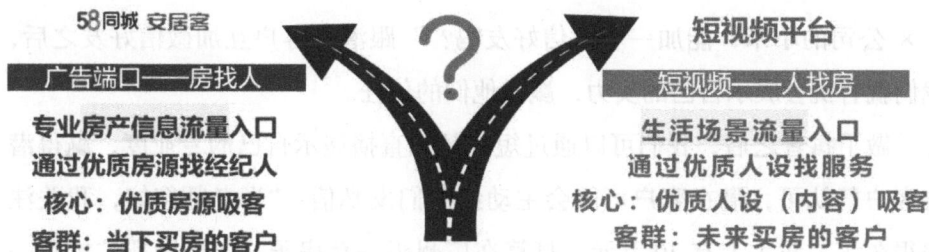

图 1-2　短视频平台与广告端口的区别

现在绝大部分城市的房地产市场都是买方市场，挂牌房源有很多，但很

多客户不知道该什么时候买，也不知道该买什么。

2023 年 7 月，我在淄博讲课的时候问了一个问题："假设我是一位客户，但我对淄博的房地产市场不了解，我今年打算在淄博买房子，谁能给我推荐房子？"

有一个经纪人回答："淄博的市中心是张店区，张店分东区、南区、北区、西区，你想在哪个区买房？"

我说："我要有分析不同区域的能力，就不找你了。"

客户之所以找经纪人，就是因为客户不清楚各个区域的发展情况、周边配套，不知道买了某个区域的房子，将来房价会不会上涨或下跌。总结成一句话就是，客户对房子背后的东西不了解。

经纪人现在做抖音，一定要讲深一点，不能随意拍个房子就发抖音。经纪人是卖房的，只有真人出镜，针对当地房地产市场的热门话题发表自己的观点，才有机会得到客户的青睐。

如果经纪人拍视频的时候本人不出镜，也不用本人的声音，就显得不够真诚。

既然打算通过抖音获客，就要充分利用抖音的规则，尤其是流量分配机制。

抖音最大的优势就是可以直观展示我们的专业和真诚。

比如，我们在线下派发传单的时候会跟路过的人说："大哥您好，我是××公司的小米，能加一下微信好友吗？"跟潜在客户互加微信好友之后，我们就有机会展示自己的实力，赢得他们的信任。

做了抖音之后，我们可以通过短视频和直播展示自己的专业度，赢得潜在客户的认可，潜在客户可能会主动给我们发私信："米老师您好，我关注您很久了，我手上有 30 万元，打算在广州买一套房子，您可以帮忙推荐一下吗？"

你看，境遇是不是完全不同了？

2. 真人出镜，直观展示自身价值

有人可能会说："我没有自信，我的长相也一般。经纪人的价值体现在专业知识和优质服务上，我不靠卖颜值。"

这话没错。客户找经纪人是冲着专业度和房子来的，而不是颜值。客户买的是动辄几百万元甚至上千万元的房子，难道就因为你长得好看就跟你买吗？

反过来，你长得不好看，就不跟你买了吗？当然不是！

客户主要看你的专业度如何，只要你的专业度能打动他，你推荐的房源也适合他，你还能把他约出来，带看的时候他觉得你这个人还挺不错，很可能就会跟你买房。

所以，做抖音一定要真人出镜，大胆地展示自己，在线下是怎么做的，在线上就怎么做。如果想不到好的选题，就说一下今天做了哪些工作，比如，今天见了哪些客户，见了哪些业主，自己所在城市的房地产市场行情怎么样，等等。

比如，我在广州，我可以围绕下面这些问题拍视频。

广州有 11 个区，每个区怎么选房？

广州不同类型的客户怎么选房？

刚需型客户怎么选房？

刚改型客户怎么选房？

改善型客户怎么选房？

终改型客户怎么选房？

养老型客户怎么选房？

……

我们要深入思考客户在这个城市买房的时候会顾虑什么、担心什么。客户在线下跟我们交流的时候问过我们的问题，也可以拿到线上去讲。

我拍的很多视频的灵感就是这样来的。线下培训的时候有人会提问，抖音粉丝也会给我留言，我觉得这个问题问得不错，就会去思考、查资料，然后拍一条视频跟大家交流与分享。

客户遇到了什么实际问题，我们就把这些问题总结一下，拿到线上来讲。只要你讲的东西有价值，只要你愿意真人出镜，只要你足够接地气，只要你足够专业，就一定可以把账号做起来。

|第3讲| 做IP，不是做主播

真人出镜不等于哗众取宠，我建议大家不要为了博眼球而去拍段子。

段子虽然可以获得更多的流量，但这些流量并不是精准的、可以转化的流量，不仅无助于变现，还会影响账号的垂直度。

我的建议是，要做IP（Intellectual Property），也就是知识产权，而不是做主播。

先说主播。主播主要是通过一些热点事件让很多人认识自己，但并不是认可自己，更不是在自己这里消费。很多主播的变现模式是快速获得一波流量，然后做一些快速的"收割"动作，如直播打赏、直播带货、广告代言等。

再说IP。IP的字面意思是知识产权，做IP的意思是你针对某个用户群体做知识性的、长期的输出，让大家认识你这个人，认可你这个人，你要成为你所在这个领域的专家。

从更深层次来说，我认为做IP就是做一整套商业模式。

以罗永浩为例，这个IP不只是罗永浩本人，而是以罗永浩这个人为核心的一整套商业模式，包含他的公司、品牌，以及他可以影响的上下游资源。

很多经纪人认为做抖音就是做主播，拍一条视频，让很多人都认识自己，都来找自己买房。

这种想法是错误的！这个逻辑根本说不通，因为快速认识你并不等于快速认可你，别人知道你这个人也并不一定要在你这里消费。

那么，别人在什么情况下才会在你这里消费呢？当然是你提供了别人需要的产品，解决了别人的痛点。

以"房产说理老米"这个抖音号为例，"老米"实际上是一个IP，而不是一个主播。"老米"也不是米广强本人，而是一位做房地产中介培训的老师。"老米"的目标是做一个经纪人必备的房地产行业知识账号，持续地输出关于房地产行业的知识，赢得一批粉丝的认可和支持，吸引他们购买线下培训服务。

但"房产说理老米"这个账号并没有展示老米去哪里上课了，有多少学员，更没有四处自我卖弄，因为自我卖弄不是做IP的正途。

做IP的方法并不复杂，客户需要什么，你就去找什么，帮客户解决实际问题。

做IP，可能要做三五年甚至十年才能获得回报，这是一件需要长期经营的事。哪怕最终发现抖音号确实做不好，还可以去别的平台继续经营这个IP。

经纪人也一样，要做IP，不要做主播，要把自己打造成所在城市的房地产专家，要能解答在这个城市买房、卖房的所有问题。可能你影响了10万人，但是这10万人并不一定都会找你买房、卖房，这个不重要，重要的是让大家知道在这个城市有你这样一个人，你就算成功了。

| 第4讲 | 做抖音要有用户思维

我记得2023年7月高考成绩出来的时候，有一位粉丝跟我说："老米，我昨天的视频爆了，你看一下，80多万的播放量啊，2万多个点赞，为什么没有客户？你跟我说为什么？"

我点开视频一看，发现内容是两个经纪人拿着道具相互攻击。我说："真有意思，你们真狠啊，为了搏流量，都开始打架了！"这条视频的流量确实很高，下面的评论也很有意思，但都是看热闹的。

我说："你们太优秀了，慢慢拍吧，时间再长一点就可以上《欢乐喜剧人》了。"

视频拍得这么热闹，跟卖房有什么关系？

看这条视频的都是全国各地看热闹的，连高考成绩都不看了，全看你俩在那里"秀下限"，根本没有变现的可能性。

现在拍短视频一定要有用户思维。

什么是用户思维？你要想清楚你这个账号到底是服务于哪些用户的。这条视频拍给谁看？这条视频要呈现什么结果？短视频不是拍给每一个人看的，是拍给真正有需要的人看的。

经纪人拍视频之前要想清楚以下几件事：

（1）客户到底是谁，也就是视频到底是拍给谁看的；

（2）客户到底想看什么；

（3）怎样把内容更好地呈现给客户（涉及场景、角度、形式等）。

这几件事里面最难的就是呈现。

比如，做口播视频时，有的经纪人上来就教育客户，说"这四类房子不要买"或"这三类房子不要碰"。这是干啥呢？这么激情澎湃有什么用啊？

要讲什么样的房子不要买，经纪人可以这样表达："昨天我的一位粉丝因为买房这件事跟老婆吵架了，他想买一套两居室过渡一下，他老婆想一步到位买一套三居室，但现在还款有些压力，两口子吵起来了……"

这样说更接地气，更容易让客户接受。

客户上了一天班，好不容易放松一会儿，还要听你在那里叨叨，教育他们，凭什么？效果能好吗？

多用一些委婉的方式表达，效果会更好。

看看下面这段文案。

"我跟闺蜜闹掰了，她昨天花了 180 万元在广州近郊买了一套房龄超过30 年的'老旧小'二手房。我之前阻拦过她，不让她买，但她非得买，气得我都不想跟她说话了。我跟大家说说他们家的情况，大家给评评理……"

把文案写得接地气并不难，难点在于呈现。

呈现涉及场景这个因素。比如，采用口播形式时，室内场景就不太合适，因为一般来说室内显得比较压抑。如果场景不匹配，就很难留住用户。这时，如果去室外拍，效果会更好。

室外的场景可以给人一种很轻松的感觉，在这种场景中给别人讲一件事会显得非常有生活气息，会让人觉得更有趣。

很多客户刷短视频的目的是放松心情，获得一些比较有趣的信息，并不想听别人给自己上课。

经纪人拍短视频的目的是把自己打造成一个传播者，告诉别人如何在这个城市选房、买房。经纪人要把这些信息用一种比较轻松的形式传播给客户，讲给那些有需要的客户听，这就是所谓的"用户思维"。

｜第 5 讲｜ **要不要做泛流量**

经常有人问我："做抖音到底要不要做泛流量？"

泛流量的本意是不精准的流量，这里所说的泛流量是指吸引来的流量不够精准的内容。以房地产账号为例，只要内容跟房地产没有什么关系，就可以称之为泛流量。

泛流量的好处是可以吸引更多的人观看，毕竟，只发房地产方面的内容，确实有一点单调，难免想发一些生活方面的内容。比如，有一段时间手指舞非常火，配上音乐和歌声"在小小的花园里挖呀挖呀挖……"，这类视频的播放量都不低。我身边的好多经纪人都会拍这种蹭热度的视频。

泛流量能蹭热点，确实可以增加人气，也可以让 IP 显得更加真实。但是，如果内容与你所在城市没有关系，或者与你所在行业没有关系，这种泛流量就不能给你带来多少价值。

我有一个来自苏州的女粉丝，她在 2021 年起号，她的抖音号到了 2023 年还一直不温不火。粉丝量有 2000 多，都是本地的精准粉丝，变现方面也还不错。

但是，她对现状不满，她觉得做垂直内容太难了，想通过泛流量增加粉丝量，于是拍了一些苏州园林方面的视频，结果吸引过来的人全是打算旅游的人，都没办法转化为房地产客户，她再发苏州房地产方面的视频就没人看了。

泛流量是一把双刃剑，用得好可能会增加粉丝量和播放量，但用不好就可能对账号的垂直度、精准度及粉丝结构产生不可逆的影响。

回到最开始的问题，到底要不要做泛流量？我认为还是可以做的，但是要注意以下两条原则。

第一条原则是，一定要跟你所在城市有关系。

现在做房地产类账号应该专注于本地，只要是与你所在城市相关的内容，其实都可以拍，最好在视频标题前面加上你所在城市的名字。

比如，你在贵阳，你就可以讲讲贵阳的事情，因为你的很多粉丝都是贵阳的，而且泛流量吸引来的一些贵阳粉丝将来也有可能转化为房地产客户。

第二条原则是，一定要突出 IP，展现出你是一个专业、真实、有趣的经纪人。

我不建议大家做唱歌、跳舞、搞笑等方面的内容，我更推荐大家分享自己对生活的理解、对家庭的理解、对人生的理解，这种泛流量更有价值。你可以跟大家分享你的生活是什么样的，你在生活中有哪些感悟，这类内容更能激发大家的兴趣，引起大家的共鸣。

还要注意一点，泛流量不能拍得太多，每周拍一条就差不多了。毕竟，经纪人的本职工作是做房地产，房地产类账号的内容当然要以房地产为主，要以吸引本地客户为主要目标。宁可粉丝涨得慢一点，播放量涨得慢一点，也要尽可能确保精准，这样才有利于后续的转化。

|第6讲| 流量不等于成交

流量与获客量是两码事，大家千万不要以为流量越多，获客量就越多。

很多经纪人总认为自己开不了单就是因为流量不行，这种想法不完全正确。

开不了单跟流量没有直接关系，跟自己的产品和客户群体关系更大一些。

流量不等于客户量，不要以为流量越大客户就越多，很多流量不小的账号也没客户，更没有线下成交。

有很多经纪人在拍房子时不出镜，流量很大。他们拍房子拍得特别好，又是航拍，又是"神剪辑"，又是故事情节，看起来非常热闹，但最后还是没客户。

为什么没客户呢？因为没有真人出镜！

用户知道你拍得好，给你点赞，还转发你的视频，甚至可能转发给你的同行，告诉你的同行："这套房不错，你帮我找一下。"你看看，忙活了半天，是不是给别人做嫁衣了？

经纪人做抖音的目的是让客户知道，在这个城市里有自己这个人，自己是一个专业的经纪人，能够帮客户解决买房、卖房的问题。拍什么房并没那么重要，你拍这套房并不一定要卖这套房。

而且，拍房子一定要说这套房适合哪些人群，要说这套房的缺点。

你要站在客观公正的立场，告诉潜在客户这套房的优点是什么、缺点是什么，适合哪些人买，不适合哪些人买，把这些都说清楚，展示出你这个人是非常专业的。

什么决定了客户量？你的人格魅力，或者说你的IP！

只要你的IP足够优质，足够吸引人，客户就会主动找你买房。

经纪人拍视频要的效果是客户主动咨询，客户提出需求，经纪人帮客户解决问题。经纪人随便拍一套房，就会有客户找上门买房，这种事情是不会发生的。

只有客户是奔着你这个人来的，客户才是精准的，才能实现高效的转化。

|第7讲| 为什么学了那么多课程还是做不好抖音

为什么在网上听了这么多短视频课程还是做不好抖音呢？

绝大部分做抖音的经纪人每天都会看教别人做抖音的"大师"的教学视频，还有一些经纪人买了陪跑服务，但是不管怎么学习，他们的账号都做不好。

为什么做不好？

我私下里也跟这些经纪人交流过，并总结了三个原因。

第一个原因，什么都想学，什么都想要。

大前天听张老师说要重视文案，于是拼命地写文案。

前天听李老师说要重视人设，于是想了一堆人设。

昨天听王老师说要重视镜头表现，于是开始研究镜头表现。

今天听刘老师说要重视直播……

什么都想学，什么都想要，结果什么都没学会。正是因为你想要的太多了，把知识学杂了、学乱了，最终的结果只能是四不像，看起来学了很多东西，但没有一样能落地。

第二个原因，理论和实践是两码事。

网上的很多短视频课程对实操并没有太大的帮助。

我有一个来自贵阳的粉丝，他跟我说他买了某老师的课，然后还把陪跑服务的内容发给我看。

我跟他说："你在贵阳，你学北上广深的打法没有意义。贵阳的市场跟北上广深的市场完全不一样，贵阳不管是老城区的南明、云岩，还是现在的花溪、观山湖、白云，每个区的情况都不一样。你不可能照着北上广深的打法去做花溪、观山湖、白云的市场。市场行情完全不一样，产品完全不一样，客户群体也完全不一样。"

我相信，把课卖给我的这个粉丝的所谓"老师"，本人没有去过贵阳，也不懂怎么做贵阳的市场。

我一年到头全国各地跑，讲个课还得按照甲方的要求为新房项目写文案，还要指导拍摄、获客，甚至要成交。即便如此，我也不敢给不熟悉的城市的学员做业务指导。

我现在出去讲课非常累，因为每一场线下课的内容都要定制，去贵阳就讲贵阳，去重庆就讲重庆。我深刻地知道每个地方的市场不一样，我有敬畏心。

但是，网上很多所谓的"老师"张口就来，在视频里说现在的房地产直播间已经是万人直播间了，某公司的销售人员听完他的课一个月挣了 5000 多万元的佣金。

听到这种说法，我忍不住笑了。你真的走过市场吗？在全国绝大部分城市，不管是 58 同城还是贝壳，没有一个大平台敢说在一个城市一个月能挣5000 万元的佣金，简直是吹牛不打草稿啊！

有人说，别人可以做出万人直播间，难道我就不可以吗？

想多了。

我想跟大家说的是，一定要学以致用，先结合自己所在的城市，看数据，看客户需求，分析当地需要什么样的内容，专心做当地人需要的内容就可以了。

第三个原因，在抖音上获得成功是低概率事件。

在抖音这个平台上，100 个经纪人也不见得有 1 个经纪人能成为头部达人，现实就是这么残酷。

每次上课，我都讲得很清楚："你们今天听完我的课，肯定是'一听就会，一用就废'。我说得难听一点，在没有一定能力的情况下，你是做不好的。你要想成为头部达人，就必须经历两三年的市场洗礼，系统地学习房地产行业知识，对市场有一定的分析能力，而这些都需要时间。"

尤其是刚入行的经纪人，千万不要觉得自己穿个西装、打个领带就懂房地产了，更不要幻想在网上买几套课程学习一下就能成为头部达人了。一定要自己去经历很多东西，该经历的失败也要经历，试错这个阶段是无法跳过的。

捷径是靠自己一点点摸索出来的。

我给大家一个建议：做自己！

问问自己：

我会什么？

我懂什么？

我能给市场带来什么价值？

我能给客户带来什么价值？

我具备哪些专业能力？

我的这些专业能力如何才能展示出来？

……

当你的能力不足以支撑你的想法时，你就要静下心来学习。你可以读书，还可以跟高手交流，网上的课程听听就好。

做抖音，最核心的就是做自己，找到自己的初心，找到自己想去的方向。多给自己一点时间，慢慢地成长，一点点进步，就一定可以做得越来越好。

︳第8讲︳　分享欲是做短视频的原点

做短视频的人都有分享欲，如果你没有分享欲，单纯为了获客去做短视频，一定会感到很痛苦。

大部经纪人拍短视频遇到最大的难题就是坚持，总疑虑自己拍的东西有没有用，总担心自己拍的东西能不能获客。

如果总是以这种心态来做短视频，恐怕很难做好。

经纪人拍视频一定要有分享欲，把拍视频当作生活的一部分，当作工作的一部分。

以前我们是怎么做的？在小区门口站岗、派发传单，在十字路口举牌子，同样是在做获客这件事，只不过现在我们把线下的那些工作场景搬到了线上。

线上的工作场景是，你一个人对着镜头讲解当地的房地产市场行情、买房知识，分享自己的一些感受。重点是你的感受，你要充分地表达你怎么看待目前的这个市场。

我给大家提供做内容的三个方向。

第一个方向是你对目前市场行情的理解。

这是基本功。作为一个经纪人，如果你都不能讲清楚所在城市目前的市场行情，我建议你先练好基本功。市场行情包括很多方面，比如新房、二手房的行情，刚需房、改善房、养老房的行情，你所在城市有哪些客户，这些客户有哪些需求，等等。

我们必须知道目前的市场行情如何，还要定期跟客户分享。

比如，你可以每个月拍一条分析当前市场行情的视频，或者拍一条预测未来一段时间市场行情的视频。假设现在正好是年底，你就可以围绕"××市年底买房注意事项"之类的话题拍视频。

第二个方向是每天的工作总结。

我今天做了什么？

我今天跟进了哪些客户？

我今天跟哪些业主聊天了？

我今天有什么收获？

这些都可以用视频记录下来。

不要为了获客去拍视频，不要有太多的功利心，把短视频当成你跟朋友交流的工具就可以了。你可以分享一下你手上的这位客户是什么情况，遇到这类客户需要注意什么，通过分享这种真实的故事或工作经历，让别人知道你是一个什么样的人，你是怎么服务客户的。

第三个方向是对具体产品的分析。

客户最关心的除了市场行情，还有具体的产品。你不一定非得去哪个小区实地拍房子，你可以用嘴讲。比如，你可以说："有朋友问我住在 × × 小区感受如何。作为一个资深的经纪人（或这个小区的业主的朋友），我可以跟大家说一下 × × 小区的情况。"

你可以介绍这个小区位于什么地方，属于什么板块，有多少栋楼，有多少户，居住感受如何，目前的挂牌量、挂牌价、成交量、成交价是多少，买这个小区的房子需要注意什么。你还可以分析这个小区的优点是什么，缺点是什么，分享一下你对这个小区的看法。

我相信，只要按照上面介绍的三个方向去思考，写文案和拍短视频时就会有源源不断的灵感。

当然，落地实操的时候一定要回归原点。你要有分享欲，你要花心思把自己身边的这些事情总结成一段一段的话，总结成自己的话，把它们写下来，然后把它们拍出来。

有人可能会说："这个太难了，我做不到啊！"

练！哪有人是跑步出生的？

先学爬，再学走，最后学跑。

凡事总要有一个过程，总需要一点时间，总需要练习。一步到位是不现实的，慢慢地练，慢慢地学，你就一定能找到自己的方向，这会给你带来巨大的价值。

| 第 9 讲 | 抖音变现的逻辑

现在新媒体平台有很多，但针对房地产这个行业，很多平台并没有制定具体的流量分配规则，这让很多经纪人找不到流量的抓手。

2023 年 2 月，抖音发布了针对房地产类视频的规则——"房产规则十二讲"，这些规则给经纪人指明了方向。我本人也是"房产规则十二讲"的领学官，参与了这套规则线上线下的推广工作。

只要用好这套规则，经纪人就可以在抖音上更有效地获取流量，获得客户，甚至完成变现。

经纪人做抖音如何获得流量？流量怎么变现？这是大家都关心的问题。

什么是流量？

流量其实就是网上观看你所发布内容的用户的总量。无论在广告端口发房源信息，还是做短视频、做直播、写文章，其实都是把内容发布到网上。

经纪人要的是客户，主动联系自己的客户，所以当然不能随便发布内容。要想让客户主动跟你联系，你就要对流量进行逐层转化，如图 1-3 所示。

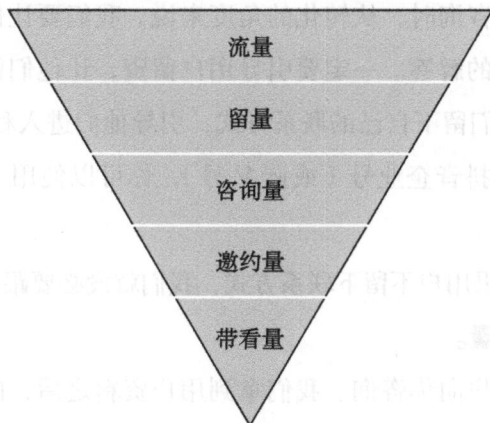

图 1-3　流量转化的五个层次

第一层是流量。

在某种程度上，优质的内容就等于流量。有了优质的内容，自然就能吸引客户。

房地产领域的优质内容主要有以下两类。

一类是市场信息。你要发布你所在城市的市场行情信息，吸引用户持续地关注你。你要把你所在城市房地产市场的现状及怎么选区域和具体的产品讲清楚。

另一类是热门产品。你可以发布房源信息，通过优质的产品吸引用户。

流量并不等于最后跟你成交的客户，流量会流失，因为有些用户看到你发的内容以后并不一定会喜欢你，并不一定会关注你。

第二层是留量。

留量就是留下来的流量，也就是愿意看完你发的视频，愿意进入你的主页观看其他内容或直接关注你的账号的用户。

第三层是咨询量。

咨询量就是留下来愿意向你咨询的用户的数量。向你咨询的用户一般对你比较认可，或者对你发布的信息或产品比较关心。

当有用户向你咨询时，从转化的角度来说，我们要让他们留下资料，而不是给他们做完整的解答。一定要引导用户留资，让他们留下手机号码或微信号，也可以给他们留下自己的联系方式，引导他们进入私域。

如果你做的是抖音企业号（或蓝 V 号），你可以使用一些营销工具引导用户留资。

一般来说，如果用户不留下联系方式，我们就没必要跟他们做深度沟通。

第四层是邀约量。

邀约量就是用户向你咨询、我们拿到用户资料之后，向用户邀约线下面谈或看房的数量。

第五层是带看量。

邀约完了就是带看，带看的转化效率取决于经纪人的基本功。

如果你能做到让客户愿意出来跟你看房，你就已经非常优秀了。至于能不能成交，就要看你手上的房源是否足够优质，以及客户对你的认可度了。

经纪人要想通过做短视频获得更多的成交，一定要把流量做大，不管广告端口还是短视频、直播，能做的平台都做一遍，只有做全域流量才能把流量的口子打开。

与此同时，一定要提升流量转化能力，降低流失率，提高邀约效率，提升带看能力，提升谈单能力，把转化做好。

不管什么平台，流量一定会越来越贵，只有一方面把流量做大，另一方面提升转化效率，才能提升整体的投入产出比，才能获得更多的收益。

第 10 讲 | 做抖音的 18 字箴言

2023 年一整年，我去了 90 个城市，讲了大约 100 场短视频方面的线下课，接触了超过 4 万名做抖音的经纪人。

跟学员交流后，我有以下三个感受。

第一个感受是现在做抖音的人越来越多了。

普通的经纪人如果没有经过专业的训练，上来就自己干，难度还是非常大的。所以，我不认为每个经纪人都能做抖音，只有愿意投入和付出的经纪人才适合做抖音。如果你连持续拍两个月视频的勇气和自信都没有，只想着随便拍几条视频就能成交，趁早还是别做短视频了，把广告端口或转介绍做好了就挺好。

第二个感受是做抖音的前提是房源要丰富。

很多经纪人对产品并不熟悉，尤其是主做新房的，连当下热销的产品是什么都搞不清楚，上来就拍视频。

他们的想法是先通过视频把客户吸引过来，有了客户，哪怕房子不合适，再去找其他房子也来得及。

我认为这个思路是行不通的，经纪人在做短视频之前必须先有房源，搞清楚自己是卖什么的，如果连房源都不熟悉，都控制不了，怎么能服务好客户呢？

客户不可能只联系一个经纪人，除非这个经纪人把人设做得特别好，或者手上有独家房源。

如果客户真的着急买房，肯定不会只联系一个经纪人，一般都会联系很多经纪人，这样才能找到最适合自己的房子，谈出最合适的价格。

很多房地产中介公司的员工就三四十人，全员做抖音，精神可嘉。但是，都去做抖音了，谁去开发房源？谁去维护业主？谁去把控房源？

连优质可控的房源都没有，即使有新客户，也无法完成转化。

第三个感受是有些人做短视频太急功近利了。

有些人做短视频，恨不得今天拍完，今天就有客户，今天就成交。哪有这种好事？

如果真的这么简单，短视频平台自己干不好吗？

面对目前的市场，经纪人怎么做短视频才能快速拿到结果呢？

我总结了 18 个字：先口播、立人设、涨粉丝，再探盘、转私域、促成交。

先说前面九个字：先口播、立人设、涨粉丝。

简单来说，就是先把人设做起来，先把粉丝做起来。

目前经纪人做抖音，更多的是找未来有希望成交的潜在客户，而不是找当下就能成交的客户。我们要去积累那些还没有决定买房的客户，他们可能只是有购房意向，可能今年年底买，可能明年买，我们要先把这部分人抓住。

面对这类客户，你可以多讲讲在这个城市应该怎么买房，在这个城市应该怎么生活，他们可能对这类话题更感兴趣。

经纪人先通过口播视频介绍本地的市场行情与房地产知识，把潜在客户留住了，等粉丝量起来之后，才能保证账号持续有流量，为后续的转化打好基础。

再说后面九个字：再探盘、转私域、促成交。

有了一定数量的粉丝后再去拍探盘视频才会有效果，如果总共就三五百个粉丝，拍了探盘视频也没多少用户看，流量是起不来的。

等你有了 3000 位精准粉丝，而且粉丝都认识你，每天都看你发布的视频，这时再拍探盘或测评视频才会有效果。客户认可你才会主动联系你，你才能把客户导入私域，比如加微信好友，加了微信好友你才有机会邀约、带看。

把这 18 个字研究透彻，你做抖音就能形成闭环。

| 第 11 讲 | 普通的经纪人能做好抖音吗

普通的经纪人能做好抖音吗？

在回答这个问题之前，我想说，其实抖音只是一个获客的渠道，经纪人的本职工作还是做好房源和客户的获取与转化。

经纪人要想做好抖音，就要具备以下两个条件。

第一个条件是有真本事。

你要非常了解整个房地产行业及房地产中介服务流程，非常了解你所在城市的情况，尤其是房地产方面的，不管是房地产市场动态、产品信息，还是客户需求。你只有具备这样的真本事，才能把你服务客户的故事，以及你对市场、产品的理解，以视频的形式展现给大家。

抖音是一个放大器，可以让你变得更加厉害，让更多的人认识你。反过来，如果你水平不够高，你的缺点就会被放大。

现在每个城市都有很多房地产类账号，竞争十分激烈。

获客模式也从以前的靠产品吸引客户变成了现在的靠人设吸引客户。

一位经纪人做抖音，如果连所在城市的热门新房和二手房产品有哪些、不同价位对应的产品有哪些，目前整个城市的配套如何，未来 5 年内城市的各个区域会有哪些发展都不知道，就很难在抖音上脱颖而出。

如果经纪人讲的东西不是客户想听的，客户就不会关注经纪人的账号。

第二个条件是能坚持到底。

互联网是有记忆的，如果你做不到连续拍 100 条视频，做不到日更，还想要很多的流量和粉丝，那是不现实的。

比较早做抖音的经纪人，可能已经做了几百条甚至上千条视频，并且有固定的粉丝和自然流量，新号想分走老号的流量难度很高。

现在做抖音一定要降低预期，不要想着上来就要当头部达人，拍几条视频就能成为知名主播。先去做，先保证每天产出一条视频再说。当流量不如意时，当粉丝量起不来时，你能不能坚定自己的信念、能不能继续往前跑是很关键的。

新手做抖音要边做边提升自己的信息整合能力，以及对新房、二手房等不同产品的理解能力；一边学着整理这些市场信息，一边对着镜头把自己的所感所想拍出来，拍完之后看看哪里有不足，再去完善，不断地循环。

| 第12讲 | 拍口播视频还是拍探盘视频

口播视频和探盘视频，哪个更好？

这是让很多经纪人感到头疼的一个问题。

为什么我们的目标客户喜欢在抖音上看房地产类内容？因为抖音能给他们提供两大价值，帮助他们解决两大问题。

一个是市场信息的问题。市场信息的问题，通过口播视频来解决。

另一个是产品的问题。产品的问题，通过探盘视频来解决。

客户买房，在某种程度上相当于女孩子嫁人。女孩子嫁人要具备两个条件；第一个条件是这个女孩子想要嫁人；第二个条件是这个女孩子找到了如意郎君。

买房也一样，客户买房要具备两个条件，第一个条件是客户需要买房，比如要结婚、要生二胎、孩子要上学、小房子住不开要换大房子等各种情况，第二个条件是市场中有符合客户需求且价格合适的产品。

每个城市的情况都不太一样，经纪人要根据所在城市的情况做这两类内容。

如果你在大城市，一般应该以口播视频为主，因为大城市的市场行情对买房决策的影响是比较大的，对板块及新房、二手房等不同方面的分析是非常重要的，真的有可能是"买错一套房，十年都白忙"。当然，你也可以顺便做一些探盘视频，如果碰到合适的产品，比如当前的热门产品或稀缺产品，可以拍一下，给客户做一下展示。

如果你在小城市，一般应该以探盘视频为主，因为小城市一般没有明显的市场行情分化。在小城市买房的绝大部分客户追求的是生活安逸，买房主要是用来居住的，投资属性没那么强，客户非常看重性价比。当然，你也可以做一些口播视频，这类内容可以让大家认识你，让大家感受到你的专业度。

比如，同样在成都，二圈层和新都区大丰镇的市场行情完全不一样，所以在成都这种大城市做口播视频题材很丰富。但是，如果你在一个比较小的城市，地方就这么大，天天讲当地的市场行情，价值就不是很大了。

这两类内容能不能一起做呢？

当然可以。只要你运营的是房地产类账号，专注于本地的房地产市场，不管拍口播视频还是探盘视频，都是在为目标客户服务。

但要注意，为了保持作品风格的一致性，不管是口播视频还是探盘视频，封面风格一定要统一。

|第13讲| 抖音房地产赛道的流量密码——内容优质

我在线下讲课的时候，经常会问学员一个问题："如果让你运营抖音平台，你会把流量分配给什么样的内容？"

大家的回答五花八门，但在一点上可以达成共识——有价值的内容。

对平台有价值、对用户有价值的内容当然应该获得更多的流量。

关于抖音的推荐算法，网上有很多文章做了深入的介绍，这里就不再赘述了。

针对抖音的房地产赛道，我提炼出了一个公式：

$$流量 = 内容 + 数据$$

2023 年 2 月，抖音官方发布了系列视频"房产规则十二讲"，提出了对房地产类内容的要求。我建议大家深入学习这些规则，学完之后你会豁然开朗。

下面重点介绍五类低质内容和三类优质内容。

（1）低质内容

低质内容一：触碰底线

触碰底线的内容如表 1-1 所示。

表 1-1　触碰底线的内容

类型	内容
投资相关：承诺收益	稳赚不赔、鼓吹炒房、诱导团购、高回报率、零首付、首付可分期等
政策相关：主观臆测政策走向	房价涨跌、再不买就涨了、"小产权房"、军产房、查封房等

低质内容二：涉嫌广告营销

涉嫌广告营销的内容如表 1-2 所示。

表 1-2 涉嫌广告营销的内容

类型	内容
含广告（视频、图片）	开发商、楼盘、项目广告、海报等
含个人联系方式	标题、简介、封面、字幕、用户名含联系方式，视频展示联系方式 3 秒以上
含具体价格	视频中同时出现小区名和价格

如果是个人号，简介不能包含联系方式，否则会被折叠，如图 1-4 所示。

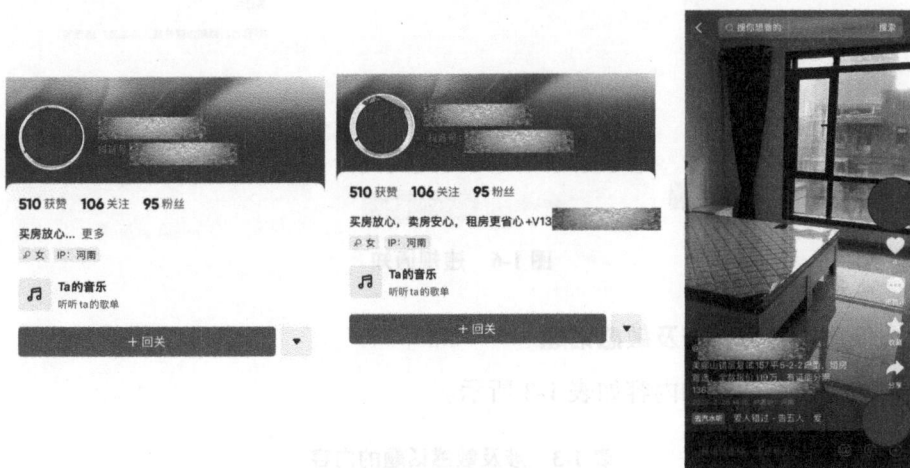

图 1-4 简介不能包含联系方式

如果平台发现这种违规行为，会对账号进行"重置个人简介"等处罚，如图 1-5 所示。

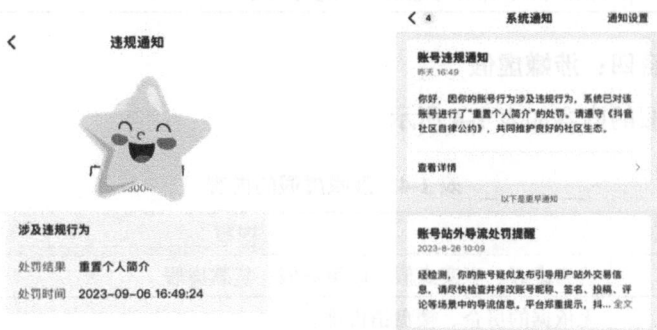

图 1-5 违规及处罚通知

如果平台发现涉嫌广告行为，会发送违规通知，如图 1-6 所示。

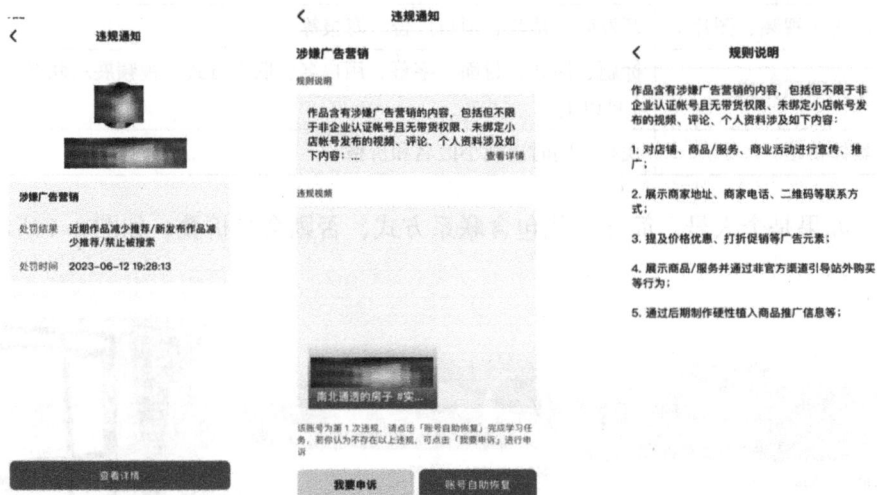

图 1-6　违规通知

低质内容三：涉及敏感话题

涉及敏感话题的内容如表 1-3 所示。

表 1-3　涉及敏感话题的内容

类型	内容
学区	学区规则（包括小学和初中阶段），内容围绕学区展开
投资炒作	零首付、首付分期、封面或标题承诺购房回报、教唆避开监管买房
违规交易	以售卖为目的，鼓励购买或推荐"小产权房"
风水迷信	利用风水、命理等迷信方式进行选房

低质内容四：涉嫌虚假

涉嫌虚假的内容如表 1-4 所示。

表 1-4　涉嫌虚假的内容

类型	内容
虚假内容	价格虚假、事实虚假、政策虚假、贷款虚假
无依据排名	无依据的房企、楼盘销售排名
"黑稿"	无客观事实依据，煽动情绪，观点不中立，恶意抨击

低质内容五：低成本制作

低成本制作的内容如表1-5所示。

表1-5　低成本制作的内容

类型	内容
低信息量	无实质内容、有观点无解读、旧闻重提、情绪诱导
低成本制作	画面抖动扭曲、无声音、图片贴纸、马赛克、有杂音、纯大字报

低成本制作很容易涉及抄袭问题。平台一旦发现此类行为，就会发出提示及优化建议，如图1-7所示。

图1-7　涉及文案抄袭提示及优化建议

抖音平台对文案抄袭行为的界定标准如下。

作品可能涉及文案抄袭，包含以下一项或多项内容：与他人发布过的内容文案完全一致，或仅进行了变速等操作；与他人发布过的内容文案部分一致，且一致部分占比较大（占比超过30%且字数大于100）；与他人发布过的内容文案主旨一致，仅更改语序结构，疑似存在洗稿。

在上面五类低质内容中，涉嫌广告营销和低成本制作是最常见的。大家一定要尽力规避低质内容，努力创作优质内容。

（2）优质内容

优质内容一：信息量大

信息量大的内容如表1-6所示。

表1-6　信息量大的内容

类型	内容
对购房有实质帮助的内容	介绍对购房有帮助的内容，详细评测房子，传授购房技巧，讲解买房、卖房经验等
有完整且清晰的观点	观点讲解透彻，用户看完有获得感，观点最好是原创的
有完整的过程分享	分享详细的过程或实用干货，包括客户需求、痛点、买房过程、解决方案、经验总结等

优质内容二：专业测评探盘

专业测评探盘的内容如表1-7所示。

表1-7　专业测评探盘的内容

类型	内容
单盘探盘测评	讲解户型、布局、朝向、功能区，主观描述探盘感受，如优缺点、适合人群、不适合人群等
小区（项目）测评	配套情况、区域发展前景、市场行情、产品卖点、居住体验等，可通过画面或信息的形式呈现
区域测评	根据区域发展前景提出购房区域选择建议，进行详细解析
多盘（区域）测评	从价格、产品、配套、发展等不同方面开展分析，与其他楼盘（区域）做对比，总结出有价值的观点

优质内容三：真实性高

真实性高的内容如表1-8所示。

表1-8　真实性高的内容

类型	内容
测评导购类信息真实	标题、封面等明显露出小区名；若无小区名露出，则提供真实的位置信息
价格真实	标题和内容中的价格相符，单价或总价真实
事件真实	内容有权威出处或来源；若涉及法律，须列举法律条文

真实性是账号成败的关键。

我基本上每天都会帮粉丝看号，我发现播放量低、涨粉慢的账号都存在一个问题：真实性太差。

为什么很多经纪人都关注我的账号"房产说理老米"？老米这个 IP 最大的卖点就是老米这个人比较真实，老米讲的内容也比较真实，所以大家才会支持老米。

经纪人要想做一个成功的房地产类账号，一定要确保真实性，因为如果你的内容不能让粉丝感受到你的真实，就很难留住用户，更不要说培育铁粉了。我们都知道，没有铁粉，账号就很难做起来。因此，要想提升播放量、粉丝量，增加互动，一定要确保真实性。

探盘视频的真实性主要体现在以下三个方面。

第一个方面是房源信息， 包括标题、封面、字幕等。在讲解房子的时候一定要提供真实的信息，不能虚构，也不能夸大。

第二个方面是镜头。 镜头扫过房子的时候，要把小区名、标志性的建筑物、周边的配套设施拍得清清楚楚，拍到的东西越真实、越清楚，粉丝越认可你的内容。

第三个方面是时效。 探盘视频往往通过特殊的价格、地段或户型来吸引用户，尤其是价格。因此，在视频中一定要介绍真实的价格，不要虚构低价。

如果经常被举报价格不实，你的相关视频甚至账号都会面临很大的问题。

口播视频的真实性体现在有理有据。

如果你想通过口播视频把账号做好，获得更多的粉丝，就一定要保证内容是真实的，在介绍任何知识、观点、政策的时候一定要有理有据。你说明自己的观点时，一定要提供相关的证据，比如你引用的数据出自官方统计，不是乱说的。

还有很重要的一点是不夸张、不造谣、不唱衰、不制造焦虑。有些人为了博眼球、获得流量，总喜欢用唱衰市场、制造焦虑的方式来吸引用户，但平台规则要求我们不能通过这种方式去获取流量。

抖音创作者在某种程度上也算是公众人物，一定要对自己说的话负责，包括你传播的房地产行业的信息、你对具体产品的介绍和评论、你对某些事件的评价，都代表了你个人的观点。你要对自己说的话负责，不管做什么类型的内容，都要以事实为依据，千万不要弄虚作假。

最后，我想强调一下人设的真实性。除了发布的信息要真实，展示的产品要真实，我们打造的人设也要真实，要做真实的自己。

你在线下是什么状态，对着镜头拍视频的时候就是什么状态，越真实越能赢得粉丝的认可。你要让粉丝知道你是一个真实存在的经纪人，具备丰富的专业知识，能够帮助大家解决买房和卖房的问题，这正是我们做抖音的初衷。

只要做真实的自己，传达真实的信息，我们的账号一定会越做越好。

第14讲 抖音房地产赛道的流量密码——数据正常

有了优质内容就成功了一半，接下来就要看作品的数据了。数据好，自然会有更多流量；数据差，流量肯定起不来。

个人号进入数据中心的方法如图 1-8 所示。

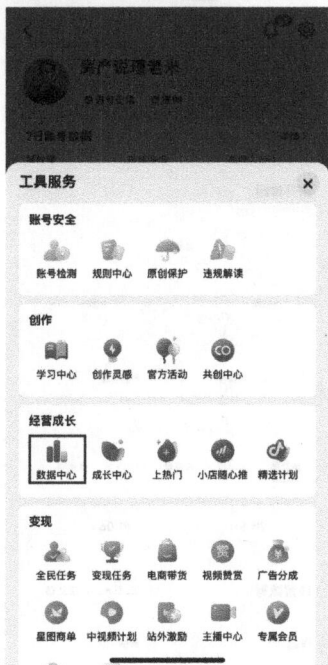

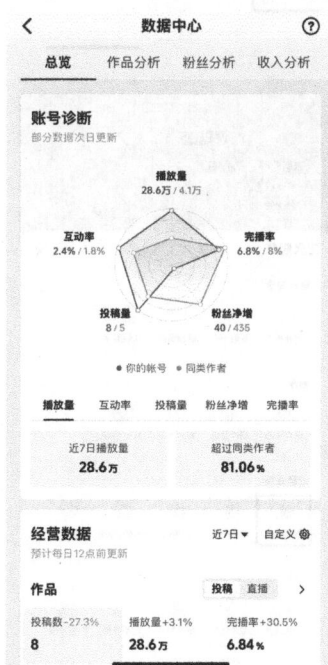

图 1-8 个人号进入数据中心的方法

企业号进入数据中心的方法如图 1-9 所示。

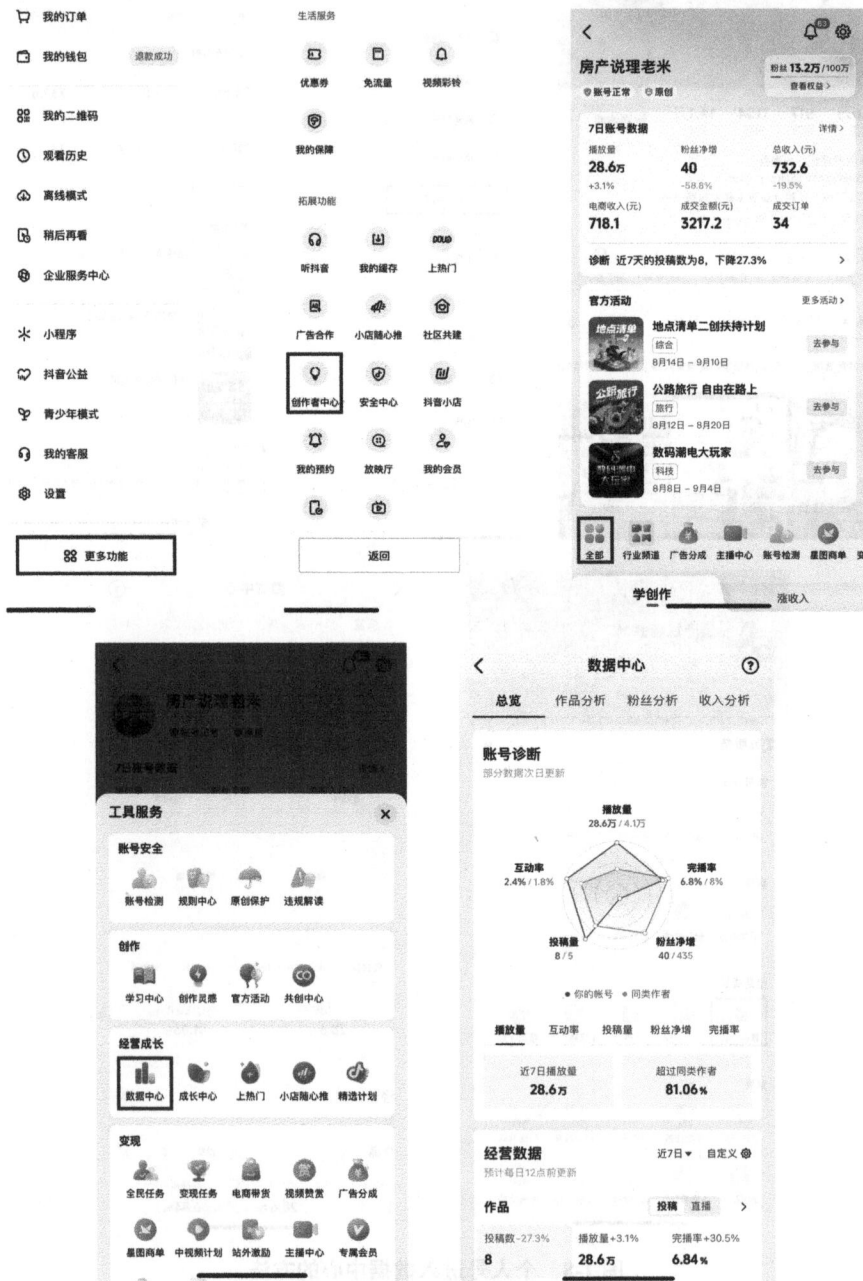

图 1-9　企业号进入数据中心的方法

数据分析的入口如图 1-10 所示。

图 1-10　数据分析的入口

抖音的流量分配机制如下。

第一步，打标签。上传视频后，平台会检查视频的标题、内容、画面、关键词，给视频打上相关标签。

第二步，分流。第一波流量一般是粉丝；如果是新号，在粉丝不多的情况下，平台会把视频分发给一些陌生人。

为什么先分发给粉丝？因为在平台看来，粉丝就是你的视频的裁判，如果连粉丝都不喜欢你的视频，说明内容质量不高。

第三步，数据再分流。第一波流量分配下去之后，一定会产生相关的数据。如果数据达标，平台会继续推流；如果数据不达标，平台就只会零星推流。

抖音平台对数据的监控和考核标准越来越细化。下面几个数据是我们必须重视的。

- 完播率，即看完作品的用户占比。

- 5 秒完播率，即观看作品超过 5 秒的用户占比。

- 2 秒跳出率，即 2 秒之内划走的用户占比。

- 平均播放时长，即所有用户观看作品的平均时长。

- 点赞率，即看完作品后点赞的用户占比。

- 评论率，即看完作品后评论的用户占比。

- 收藏率，即看完作品后收藏的用户占比。

- 不感兴趣率，即不喜欢作品的用户占比。

除了 2 秒跳出率和不感兴趣率越低越好，其他数据肯定是越高越好。

我不仅自己做账号，还孵化、辅导了超过 100 个粉丝数在 1 万以上的账号。对于常见的数据，我总结了一些规律，大家可以参考一下。要想让视频的播放量达到 1 万，相关数据至少要达到下面的水平：

- 5 秒完播率≥40%；

- 整体完播率≥5%；

- 2 秒跳出率≤50%；

- 平均播放时长≥15 秒；

- 点赞率≥2%；

- 评论率≥0.5%；

- 收藏率≥0.5%；

- 不感兴趣率≤0.1%。

如何提升这些数据呢？

简单来说，要想提升播放类数据，如 5 秒完播率、整体完播率、2 秒跳出率、平均播放时长，要靠呈现形式、人设、文案；要想提升互动类数据，如点赞率、评论率、收藏率，要靠作品质量。

|第 15 讲| **抖音上的五种流量**

1. 基础流量

我经常说要把流量做起来，实际上是说要把基础流量做起来，如果连基础流量都做不起来，就谈不上其他的流量了。

前面介绍过，在抖音上传一条视频后，平台会根据内容给视频打上不同的标签。如果你的抖音号的粉丝数超过 500，平台就会把你的视频分发给你的粉丝；如果你刚起号，粉丝不多，平台就会把你的视频分发给一些陌生人，但是这个基础流量不会很大。

用户看到你的视频后，平台会根据用户反馈（即视频数据）做出不同的反应：如果达标，就推第二波流量——算法流量；如果不达标，就零星推流。

2. 算法流量

第一波流量是基础流量，只有数据达标，才会有第二波流量，也就是算法流量。

数据好意味着内容优质，平台会把优质内容推给更多的用户。平台会根据标签把视频推给更多可能对其感兴趣的用户，如果这波流量推下去，数据又达标了，就继续推流，直到数据不达标为止。这个阶段的时长一般是 24 小时。

3. 搜索流量

搜索流量就是通过抖音的搜索功能获得的流量。

下面介绍两个获得搜索流量的方法。

方法 1：话题标签法

在发布视频的时候，可以通过"话题"功能给视频添加话题或关键词。如果用户浏览或搜索过某个关键词，而你的视频在发布的时候正好添加了这个关键词，用户就有可能会刷到你的视频。

方法 2：合集法

你可以创建作品合集，把同类作品收录进去，操作步骤如图 1-11 和图 1-12 所示。

图 1-11　创建合集

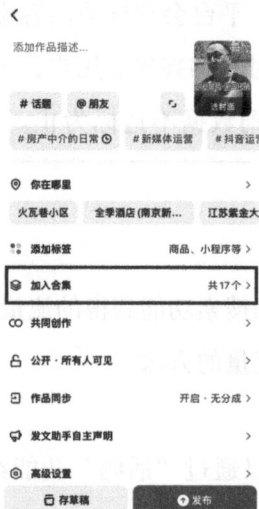

图 1-12　将作品加入合集

4. 直播流量

直播流量主要取决于直播间的留存数据及铁粉数量。

5. Dou+ 流量

Dou+ 流量就是付费买来的流量。

大家问得最多的问题是："什么时候投放 Dou+?"

我认为 Dou+ 的作用是锦上添花，当某条视频的流量高于之前所有作品的平均播放量时，说明这条视频很有潜力，值得投放 Dou+ 加热一下。

|第16讲| 提升流量的三个小妙招

之前讲过，流量 = 内容 + 数据。

内容方面，主要看房地产知识储备、观点总结及文案技巧。只要你在"房产规则十二讲"介绍的规则范围内输出内容，一般就不会违规。

只要你有足够的知识储备，内容关很好过。但是，数据关没那么容易过。

现在，大部分用户的审美要求越来越高了，耐心也越来越差。

以前数据考核的关键点是 5 秒完播率，而现在是 2 秒跳出率。现在拼的是用户看完前 2 秒内容的概率。

比如，你拍了一条时长为 2 分钟的视频，共 120 秒。如果前 2 秒表现不好，数据差，那么后面 118 秒的内容再好，也没有意义。

相反，就算一条视频的内容一般，但只要数据好，尤其是 2 秒跳出率低，流量就不会差到哪里去。

要想快速提升自己的流量，最快的方法就是提升数据。

下面分享三个提升数据的小妙招。

第一招，用开场的场景吸引人。

一定要找一个漂亮的地方作为开场的场景。

有一次，我去杭州出差，我一大早就跑到西湖边拍视频。为什么我要跑到西湖边拍视频呢？我主要是为了呈现不同的场景。

用户刷到这条视频的第一反应多半是："咦，这是哪里？"

客户心里有这样的疑问，自然会多看一会儿，是不是2秒很快就过去了？

所以，我建议尽量去室外拍视频。

室外场景开阔，如果是用户没见过的场景，他们刷到视频之后很可能会多停留几秒。

室内场景就算布置得很精致，也很容易显得压抑，如果还没有打造出强大的IP，很难在开场就留住用户。

用户都不认识你，自然不会耐心地听你讲话。

第二招，分享自己身边的故事。

有些人做抖音老想着抄袭别人的文案，这种做法既容易违反平台规则，也不容易出效果。

你自己是不是有很多故事呀？你服务客户这么多年了，也见过这么多客户了，为什么不把自己的真实故事分享给大家呢？

做起来其实很简单，你昨天干了什么，遇到了一位什么样的客户，对着镜头讲出来就可以了。

下面看一个案例。

昨天有一个租客找我，他不想租房了，想买房，于是让我带他看房。看了半天，他也没看中，主要是因为他觉得现在钱很难赚，担心后面还房贷压力太大。

我就开始鼓励他："作为年轻人，一直租房，每个月交三四千元的房租也不是个事儿，还不如先买一套郊区的小房子，先上车再说。上车之后，最起码不用交房租了。

"买房的话，多少得让家里支持一点，或者从亲朋好友那里借一点。大家买房不都是这样的吗？

"先把房子买了再说。买了之后，咱赚了钱，先还房贷也好，先还跟亲朋好友借的钱也好，钱都花在这套房上了，而这套房在咱们自己手上。否则，一直租房，不买房，钱照样会花光。"

大家可以参考这个思路讲故事，因为感受不到压力，用户更喜欢听这些有趣的事情。

第三招，分享自己对这个行业的感受。

你带客户时有什么感受？

你们公司这两天开会，你有什么收获？

最近你跟客户聊天产生了哪些想法？

这些感受都可以放到视频里面去讲。

经纪人做抖音的目的是把真实的自己展现出来，让喜欢我们的人关注我们，跟我们产生连接，跟我们买房。

粉丝不一定要很多，流量也不一定要很大，但一定要精准。

什么样的人群才精准呢？喜欢你的人才精准。

客户为什么会喜欢你呢？很多时候是因为你这个人比较真实，不做作。

我运营抖音号"房产说理老米"并没有什么复杂的策略，就是每天给大家分享一些关于房地产行业的东西，有需要的人刷到我的视频，觉得我这个人还行，可能就会邀请我过去讲课，我挣的就是这个钱。

我愿意真诚地跟大家交朋友，把自己真实的想法分享给大家。

再次强调，做抖音不是卖房，而是卖人设。

|第17讲| 如何获取精准流量

很多经纪人做抖音没多久就被流量"绑架"了，拍好、发布视频之后没有流量就开始哭天喊地。

经常有人给我发私信，问我一些很相似的问题。

"老米啊，没有流量啊！怎么办？"

"老米，我按照你的方法拍了视频，我也出镜了，怎么就没有流量呢？"

抖音本来就是一个获客的工具，并不是我们工作的全部，每天抽出一点时间拍一段就行了，不必奢求拍得多好，成为头部主播并不是我们做抖音的目的。

你要想成为头部主播，就要建立团队，有人帮你写脚本，有人帮你拍视频，有人帮你剪辑，有人帮你做运营。你就自己一个人，还想要很多流量，这是不现实的。

做抖音首先要把目标定好了。对绝大部分经纪人来说，拍短视频并不是为了成为头部主播，也不需要那么多的流量，那么多流量来了你能用上吗？

我在线下讲课的时候经常跟学员说："你想火，很简单，你就说女性消费者爱听的话，你只要这么说，一定会有流量。但关键是，这种流量来了，能让你把房卖出去吗？"

经纪人做抖音要的并不是多大规模的流量，而是本地的精准流量，哪怕一条视频的播放量只有 200 次，但这 200 个用户全是本地客户，那也算相当成功了。

假设一条视频的播放量有 5 万次，但用户来自全国各地，外地的用户怎么可能买你所在地的房子呢？

比如，我在四川绵阳做经纪人，我拍短视频的目的就是获得精准的绵阳本地客户，其他地方的客户我不要。我在绵阳，我要广州的客户干什么？广州的客户根本不可能跟我买绵阳的房子。所以，我的每一条视频都讲在绵阳，在绵阳，在绵阳！

我要的就是绵阳的本地客户，其他地方的客户我不要。我通过抖音筛选我的客户，而不是反过来。

目标是获取本地精准流量。那么，具体应该怎么做呢？

我认为，有三个动作是必须做的。

第一个动作是解读城市。解读你所在城市的每一个区域的发展问题，解读每一个区域的具体情况。

比如，我住在绵阳的话，就要解读涪城区的房子怎么选、仙游区的房子怎么选、经开区的房子怎么选。再比如，我住在桃花岛的话，就可以介绍在桃花岛买房要注意哪些事项。

我每天向用户普及一条在当地买房的知识，每一条视频能不能带来客户并没有那么重要。

什么重要呢？ IP 重要！让大家都知道在绵阳买房找老米就行了。

要想获得精准流量，经纪人必须把自己负责的区域或板块进一步细分。有人可能会说我所在城市太小，再小也能分个东西南北吧？按街道细分、按小区细分都是可以的。你可以把自己所在城市切成一块一块的，针对每一块介绍发展情况，讲解买房的注意事项，这是第一个动作。

第二个动作是解读小区。分析每个小区的现状，讲解每个小区。比如，假设绵阳现在有 300 个小区，我一个一个地讲，每天讲一个小区。很少有人会这么做，只要你愿意这么做，你一定能火起来。可讲的点有很多，包括地段、配套、内部环境、优点与缺点、适合哪些人群居住等，既可以拍探盘视频，也可以做口播视频。

第三个动作是解读客户。分析客户买房属于哪种情况，到底是刚需、改善还是养老，不同类型的客户应该怎么选适合自己的房子。

从区域到小区再到客户需求，这三个方向基本涵盖了客户找房的路径。大家可以往这三个方向努力，先利他，先给你所在的城市带来有价值的内容。你为别人付出了，别人觉得你能帮到他，别人才会关注你。

并不是说你拍了一套房，所有刷到这条视频的人都会跟你买房。这套房价格最低吗？你的服务是你所在城市里最好的吗？你是某些小区的百事通吗？你只是一个普通的经纪人，在正常情况下不太可能获得巨大的流量。

因此，正确的思路是只做本地精准流量，从区域、小区、客户需求三个维度把整个城市的房地产市场讲得清清楚楚。你有水平就干这个活，这个活干成了，你的账号也就成了，不用担心流量。只要你的内容有价值，一定可以获得精准流量。

| 第18讲 | 蓝 V 号与个人号的区别

我认为，个人号相当于抖音的兼职员工，也就是以创作者的身份给平台打工，平台提要求，你贡献平台需要的内容，抖音与创作者之间是一种合作关系。

抖音希望创作者创作什么样的内容？"房产规则十二讲"已经说得很清楚了：信息量大的内容，房产测评类的内容，真实的内容。

创作者按照这个要求去创作内容，平台就会根据内容质量给视频流量，内容质量越高，平台给的流量就越多。

我认为，蓝 V 号相当于抖音的客户。客户是要在抖音这个平台上消费的，他们希望利用抖音进行引流，进而促进产品销售。

如果房地产类账号选择做蓝 V 号，就说明这个账号有消费能力，会在抖音上买一些流量完成变现。

如果你做的是蓝 V 号，抖音会默认你有投流需求，你需要在抖音上通过流量完成变现。

蓝 V 号在以下三个方面优于个人号。

（1）蓝 V 号有平台背书。拥有蓝 V 认证，说明你是一个商家，是一个商业主体，可以交付产品和服务，更容易获得客户的信任。

（2）蓝 V 号有一些实用的营销工具。比如，虚拟电话等工具可用于引导客户留资。

（3）蓝 V 号是房地产账号做直播的必要条件。个人号做直播不能讲房地产，只有认证蓝 V、开通小风车并上传房产资质备案，才能在直播间里讲房地产。

很多人问我房地产类账号要不要认证蓝 V，我的建议是先把个人号运营起来，先攒够三四千个精准粉丝，也就是未来可能在你这里消费的铁粉，再去认证蓝 V，这样可以在个人号的基础上增加有用的营销工具，加速变现。

不过，蓝 V 号并不是万能的，不是说你花了几百元，认证了蓝 V 就可以在直播间里随便说。不管是个人号还是蓝 V 号，都要遵守"房产规则十二讲"的规定，即便是蓝 V 号，也不能有明显的营销属性。

｜第 19 讲｜ 要不要"拉黑"同行

经常有粉丝跟我抱怨："老米啊，到底要不要'拉黑'同行？这些人天天在我的短视频评论区挖我的客户，真气人！"

这就是我跟大家说一定要做 IP 的原因，要让客户奔着你这个人来，而不是奔着你发的房源来。你会拍这套房，别人就不会拍吗？

如果你单纯地拍房子，客户就会觉得你只是一个销售人员，只是一个卖房的，只是为了赚佣金，客户就很难尊重你。

就像我们去服装店买衣服，假如有些销售人员过分热情，我们心里可能会想："别给我推荐那件价格超贵的衣服，我买不起，别说了……"

假如有同行在你的短视频评论区挖你的客户，最好的应对方法就是少拍房子、多拍自己。

你可以多拍口播视频，多分享自己对目前市场行情的分析、对某个小区的评价。同行看到这类视频后大概率会划走。

如果你只是单纯地拍房子，同行肯定会看你正在推哪些房子，可能会想办法挖走你的房源。

除了看你拍的房子、挖走你的房源，同行还会不停地盯着你的短视频评论区，一旦有潜在客户评论，他们可能就直接给潜在客户发私信了。这种情况没有办法百分之百地避免。

看到一个同行就"拉黑"一个吗？我不认为这是好的解决办法。

我建议你着力打造人设，做 IP，多做口播视频，让客户记住你、喜欢你，认识你这个人，让客户主动开口问你问题。你可以通过一条条口播视频让别人知道你是谁，你是干什么的，你具备什么实力。

你天天讲怎么买房、怎么"避坑"，2024 年应该怎么选新房、怎么选二手房，×× 小区的房子值不值得买，×× 小区的房子应该怎么选，慢慢地客户就会觉得你这个人不错，你这个人挺专业的，你这个人很靠谱。

你这个人靠谱，你推荐的房子自然就靠谱，客户喜欢你这个人，自然就会跟你买房。

什么时候客户主动找你了，你的 IP 就算打造成功了，这才是我们做抖音的意义所在。

第二篇

IP 打造

|第20讲| 房地产中介做 IP 的意义

IP 不是具体的某个人，而是一种资源与商业模式的连接体。

罗永浩是 IP，李国庆是 IP。房地产领域也有许多做得好的 IP，如大别、徐哥、大胡子、地产酵母等。这些 IP，不是具体的某位主播，更不是一般意义上的房地产类账号，而是房地产资源与商业模式的连接体。

房地产中介做 IP 有以下三大意义。

1. 满足差异化需求

在每个城市，做抖音的经纪人可能有几百人、几千人甚至几万人，靠什么才能脱颖而出呢？

答案是差异化！

要想满足用户的差异化需求，就要基于自身的商业逻辑，用好自己身边的资源。

只要 IP 的定位足够清晰，找准细分领域，并且付出足够的努力，你的IP 一定可以做起来。

2. 改变经营模式

对绝大部分人来说，改变是被动的。

一段时间以来，很多中大型直营房地产中介公司都倒闭了，这些公司以前是很风光的。

造成这种现象的核心原因是，抖音等短视频平台的崛起让这种靠规模、靠人海战术发展的房地产中介公司丧失了优势。

一个 IP 的获客量，可能抵得上 100 人的线下团队的获客量。

从体验的角度来说，客户更愿意找靠谱的经纪人，直观地看房子，线上互动。

所以，现在的问题已经不是要不要做 IP，而是怎么做 IP。

房地产中介行业必须改变之前的经营模式，从业人员也要顺势改变。

3. 促进转化

做房地产中介，需要一层一层地转化客户，核心难点在于信任感。无论买方还是卖方，对经纪人并不完全信任。客户一般都会同时找几个经纪人，以便做对比，这会造成很多内耗。

在房地产行业快速发展的时期，房少客多，房地产市场属于卖方市场。只要有房源，就会有成交。

现在不一样了，房多客少，客户的选择很多。这时，经纪人要提供专业的买房卖房思路甚至具体方案，帮助卖家早点出手，帮助买家买对房子。如果还沿用以前的服务逻辑，经纪人就很难让卖家和买家信任自己。

但是，现在抖音给了我们曝光自己、让客户认识我们的机会。只要经纪人有水平，能够持续发布有价值的内容，就一定可以赢得部分客户的信任。

当客户信任经纪人、主动联系经纪人时，转化就变得比较容易了。

|第 21 讲| 对标账号

为什么很多经纪人觉得做抖音很难？很重要的原因之一就是他们没有做对标，一上来就什么都自己干。有的直接抄同行，有的买一堆文案，自己照猫画虎地拍视频，最后效果都不好。

对新手来说，做好抖音最有效的方法之一是对标，找到在房地产这个领域做得不错的账号，模仿、学习、对标它们。我认为这是新手成长最快的方法。

就像我们小时候，要想写一手好字，可以买字帖去练习；要想写好作文，可以模仿作文书上的一些文章结构和好词好句；要想学会唱歌，可以听歌唱家怎么演唱一首歌，跟着哼唱……

要想高效地学习，就要先找到标杆，不断地模仿标杆、接近标杆，这样离成功就越来越近了。

1. 什么是对标

对标，就是找到你所在的那个领域里做得好的标杆人物或组织，分析并模仿标杆的做法，形成自己的做事方法。

2. 为什么要对标

对标可以帮你找到方向，如果没有方向，行动起来就无头无脑。找到合适的标杆之后，标杆怎么做，你就怎么做。只要标杆成功了，就算你不是百分之百能成功，也有百分之七八十的把握能成功。

对标可以帮你节约时间。大部分经纪人不光做抖音，还要邀约客户、对接业主、三方议价，每天能抽出一两个小时做抖音就很不错了。

而对标账号里面可能已经有几百上千条视频了，你可以从这些内容里找到一些灵感，节约很多找选题和写文案的时间。此外，拍摄手法，开场、互动形式、表达方式、直播话术等都可以对标、模仿。

3. 怎样对标

对于对标的具体操作步骤，我总结出了一套"对标四步法"。

第一步，看！

没看过几百上千个账号，就很难找到对标账号。你至少得看 200 个房地产类账号，而且是做得好的账号。

如果你在大城市，如广州，你可以搜索"广州房地产"，看看广州做得好的账号有哪些。你还可以搜索跟你所在城市体量差不多的城市的房地产类账号，如搜索"深圳房地产""上海房地产""南京房地产"等。

如果你在小城市，你可以搜索周边小城市的房地产类账号，或者搜索其他省份跟你所在城市经济发展水平差不多的城市的房地产类账号。

只有大量地看账号、看视频，你才能找到合适的对标账号。

第二步，选！

根据以下三个条件选择对标账号：内容风格适合自己，自己能模仿这种风格，符合自己手上的客户的需求。

选出 3～5 个对标账号，不能只对标一个账号，结合这几个账号的内容，以及自己的想法和当地市场的情况，整理出一套适合自己的起号方法。

第三步，拆！

拆解对标账号主要是拆解人设、内容和呈现形式。从这三个维度拆解对标账号，你会发现很多规律。你可以结合这些规律设计自己的人设、内容和呈现形式。

第四步，做！

怎么做？

我建议从文案入手，把对标账号的每条视频的文案整理出来。比如，假设你找到了 5 个对标账号，每个账号有 200 条视频，你可以先把这 1000 条视频的文案整理出来。假设每条视频的文案有 400 字，你就有 40 万字的素材了。

下一步是仔细阅读文字素材，筛选合适的素材，结合你所在城市的具体情况扩充、改写、完善文案。

文案写好了，就可以试着拍视频了。

如果做口播视频，就仿照对标账号的呈现形式去拍口播视频；如果做探盘视频，就仿照对标账号的探盘视频的结构去拍探盘视频。

拍完视频之后做剪辑，剪辑完之后发布，发布之后要看数据。看完数据之后，思考为什么某些数据表现不好、如何改进。

做得好的方面，要坚持，要持续强化。

连拍几十条视频，一定会有一条视频成为"爆款"。恭喜你，你已经找到了自己的"黄金创作公式"。

这个"黄金创作公式"就是你做抖音的秘密武器。你按照类似的呈现形式拍视频，效果一般都会很好，粉丝也会很喜欢。之后，你按照这个公式不断地拍视频就可以了。

每一条视频只是文案不同，只是内容不同，但呈现形式基本一致。这时，你就已经找到了自己的创作方向，形成了自己的风格。

第 22 讲 | 房地产 IP 的定位

如何打造一个房地产 IP？

我提炼出了一个公式：

$$IP= 定位 + 人设 + 产品 + 服务$$

把等号右边的四项都做好，IP 的框架就搭建好了。有了框架之后，再一点点地往里填充内容。

定位是一切的起点，定位错了，满盘皆输。

要想给自己的 IP 定位，就要先问自己以下四个问题。

问题一：我的产品是什么？

可能有人会说，我的产品就是房子，这个城市的房子。

如果你在小城市，这么说没什么问题。但是，如果你在大城市，这个答案可能就过于宽泛了。比如，我在广州，截至 2023 年 10 月，广州二手房挂牌房源超过 20 万套，新房库存超过 11 万套；截至 2023 年 12 月，广州新房项目有 430 多个。

这么多套房子，这么多个项目，你打算卖哪个？

定位的本质就是做筛选，做减法，找到自己的核心产品。

所谓"核心产品"，就是你能控制的优质的房子。说得更具体一些，就是你手上性价比最高的房子。

我们不要把自己当作一个找房的经纪人，而要把自己当作一个直播带货的主播，主播的核心工作是选品。

品选好了，获客就会更容易。

如果你主要做二手房，你要想好主打哪种需求，如次新、新区、豪宅、养老、商业等。

如果你主要做新房，你要想好主打什么区域的产品，如核心区域、城乡结合部、郊区等。

每种产品的做法都是不一样的，定位不同，你的 IP 的变现模式也就不同。

问题二：我的客户是谁？

不同的产品适合于不同的客户，我们必须把自己的客户筛选出来，筛选的依据包括客户年龄、核心需求、喜好、预算等。

常见的几类客户如下。

刚需型客户就是首次购房的客户。

一线、二线城市房价较高，新流入人口较多，大部分刚需型客户都会先买一套小面积的一室一厅或两室一厅的房子过渡一下。

三线、四线城市的房价相对较低，新流入人口不多，小户型产品不多。大部分刚需型客户会一步到位买一套面积较大的房子。

一线、二线城市的刚需型客户非常看重性价比。低总价、低首付、低月供是这类客户的核心需求。

刚改（改善）型客户大都在城市里已经有一套房子，但是不够住，需要换一套面积更大、位置更方便、学位更好、配套更好的房子。

刚改（改善）型客户目的较明确，而且往往需要先帮他们卖掉现有的房子，腾出名额和资金去购买更大、更好的房子。

所以，遇到刚改（改善）型客户，很容易一下子成交—买一卖两单。

豪宅型客户相对较少，而且居住集中、需求明确，交易周期长。

豪宅客户一般比较豪爽，但对服务和专业水平要求很高。

常见的客户类型及其需求如表 2-1 所示。

表 2-1　常见的客户类型及其需求

客户类型	关注点	户型	客群画像
刚需型客户	性价比、教育、基础配套	两居 / 小三居	结婚、外来务工、毕业生、乡镇客户
刚改型客户	性价比、空间、教育、基础配套	双卫三居	孩子上学、生二胎
改善型客户	核心地段、成熟配套、生活圈	大三居 / 四居	本地人、"老旧小"业主、孩子上学
豪宅型客户	产品稀缺性、成熟配套、生活圈	洋房 / 别墅	本地人、外地投资客、中高端物业业主

问题三：我能给客户带来什么价值？

我们做房地产中介，到底靠什么去吸引客户呢？

如果让我回答这个问题，我的答案就是：给客户带来**咨询的价值**。

客户有什么问题都可以问我们，关于市场行情、政策或产品，有什么不懂的都可以问我们，这要求我们必须转变思维和心态。

我们要以做咨询的态度服务客户，而不是拍几条短视频就要获客，给客户打几个电话就要约他出来看房并尽快成交，如果以这种心态服务客户，往往会很痛苦。

大家可以想一想，客户都咨询你了，如果你回答得很好，给他提供了价值，他大概率会找你买房，因为他觉得找你买房差不了。

现在很多人买新房往往先锁定一个区域，但是这个区域里有好几个商圈，下一步就是锁定商圈，这个商圈里可能有三个楼盘，那么到底是选 A、选 B 还是选 C 呢？

如果去问现场销售人员，现场销售人员基本都会强调竞品有哪些缺点，自己的产品有哪些优点。而经纪人要站在客户的角度，告诉客户每一个项目的优点与缺点，并提供一些有指导性的建议，通过专业分析帮助客户买到合适的产品。

咨询的价值体现在哪些方面？

我认为主要体现在两个方面，一是市场信息，二是产品分析。

这也是房地产内容创作的核心价值。

做 IP 不是为了跟当下要买房的客户成交，而是为了跟未来要买房的客户成交。

为什么有人觉得现在做抖音很难，为什么觉得没有转化？

因为他们希望今天拍一条短视频，今天就有客户，今天就能成交。

但实际上，现在做抖音吸引到的客户大部分半年后才有成交的机会，甚至明年、后年才能成交。

打造 IP 需要一条一条地发布内容，一个点一个点地打透，一点一点地积累铁粉，找到那些愿意为你这个 IP 付费的粉丝。

当我们能够持续给客户带来价值时，会有更多的人知道，在这个城市里有一个非常专业的经纪人，当他们想买房或他们身边的亲朋好友想买房时，他们就会想到我们，这时就有了转介绍。

问题四：你的变现逻辑是什么？

所谓的变现逻辑，就是你的服务和收费模式。

房地产 IP 的收费并不等于传统房地产中介的居间佣金或新房佣金，而是根据服务来的。

针对业主，可以收取咨询服务费、拍摄推广费、成交佣金、单边代理费等；针对买家，可以收取咨询服务费、会员费、成交佣金、单边代理费等。

服务内容不一样，收费就不一样。

咨询服务模式在广州和上海比较流行，客户想找达人聊聊房子的事情，首先要给对方支付咨询服务费，少则几百元，多则几千元甚至上万元。当然，这种模式能跑通的前提是这个达人有足够的影响力和实力。

广州有一些管家公司，主做买方代理，也就是跟买方签订单边协议，也就是受客户委托去买房。买方代理服务的客户群体以改善型客户、豪宅型客户为主，毕竟要投入大几百万元甚至上千万元买房，花点钱找一位专业人士咨询一下是很有必要的。

上面这四个问题问完,你的定位基本就出来了。

如果不确定自己的定位,那就去找对标 IP,拆解对标 IP,梳理自己的定位。

|第23讲| **拆解管家公司模式**

我认为,房地产中介行业发展到一定的程度,一定会走向单边代理模式。

我们做 IP 的最终目的是拿到客户的单边委托、独家委托,只要控好一边,锁定一边,后面的转化就容易了。

现在的房地产中介有两种形式,一种叫居间,另一种叫代理。

现在的二手房中介业务大部分都是居间的生意,经纪人既要跟进业主,也要跟进客户,在中间撮合,向两边收取佣金,这种形式叫居间。

还有一种形式叫代理。比如,我们现在拿到了某些新房的销售权,实际上我们是代表开发商去卖房;或者业主跟我们签订独家代理协议,把自己的房子委托给我们销售,实际上我们是代表业主去卖房,这叫单边代理。

除了卖方代理,目前在一线城市的豪宅市场也有一些买方代理,也就是买家委托中介买房,中介买到房之后买家会支付服务佣金。

欧美地区的很多国家流行单边代理模式,买方有经纪人,卖方也有经纪人。不过,买方不用支付佣金,只有卖方支付佣金,佣金一般是成交价的 6%左右。

我认为,我国的房地产中介行业发展到一定的程度,也会走向单边代理模式。其实,现在已经有很多公司在推行这种模式。

我从 2019 年开始研究单边代理,如果大家有兴趣,可以在今日头条上搜索"房产说理老米"这个账号,我写过很多关于管家公司模式的文章。

所谓"管家公司模式"，实际上就是单边代理。经纪人跟客户签订买方代理协议，代表客户去买房。也就是说，客户跟经纪人签了代理协议之后，在约定的时间内，只能由经纪人代表客户去买房。如果客户跟别人买了房，也要向经纪人支付佣金，这就是买方代理的意思。

单边代理的具体操作流程一般包括以下四个步骤。

第一步：流量获客

流量获客主要是指在网上发布有价值的观点信息或房源信息，并且要持续输出，目的是积累人气和粉丝。

获客应该是全方位的，不管是图文、广告端口、短视频、直播还是其他形式，要尽量做到全覆盖。

比如，现在最流行的是做短视频、做直播，你需要在各种平台曝光自己，展示自己对这个城市房地产市场的理解，如果有人觉得你讲得不错，就愿意向你咨询，通过你买房。

管家公司如何通过抖音高效地获客？

管家公司要建立一套获客的模式，精准地把客户链接到管家公司的IP，增强客户对管家公司IP的黏性，这样才会有接下来的转化。

简单来说，这个模式要帮助客户解决三个问题，视频也要围绕这三个问题去创作。

第一个问题是买不买。什么决定了客户买不买房呢？最重要的因素有三个：第一个是需求，如是不是刚需；第二个是预算，如预算在什么范围内，有没有足够的首付款去买房；第三个是目前的市场行情，如最近出了什么政策、市场的走势如何。

管家公司IP要通过一条条的视频解决买不买的问题，从需求、预算、行情三个角度帮助客户做出判断和分析，提供思路。

第二个问题是买哪里。客户已经决定要买房了，但还不知道该买哪里的。现在，几乎每个城市都发生了板块的分化，决定买哪里的房要先对板块做对比，筛选出最有潜力的板块。管家公司IP要分析城市每个区域有哪些核心商圈，每个核心商圈大概的情况，包括有哪些配套、未来走势如何、潜力怎么样等，这些都可以作为视频的内容。

第三个问题是买哪个。选好板块和商圈之后，接下来就要选择小区，确定买新房还是买二手房，这也需要经纪人一层一层地解读。

第二步：面谈

如果客户信任管家公司的 IP 并开始咨询，就到了第二步。管家公司可以邀约客户进行线下面谈，大概需要两三个小时。有的面谈是收费的，有的是免费的。

面谈后，如果客户对管家公司的服务很满意，双方就会签委托协议，即客户委托管家公司买房，比如，委托期限是 3 个月，费用是 1999 元。此外，双方还会签另外一个协议，如果管家公司在 3 个月之内买到了符合客户要求的房子，客户再向管家公司支付房屋交易总价 1% 或 2% 的佣金，如果管家公司在 3 个月之内没有买到，客户就不用支付佣金了。

第三步：匹配服务，建群维护

签完协议，管家公司要根据客户需求建立服务群，群成员包括 IP 主理人、客户及其家人、板块专家、带看专家、房源专家。不同角色各司其职，共同服务客户。

第四步：签约

签约服务主要有两种：一种是陪同签约，签约完成即服务完成，不提供后续的金融服务；另一种是全程陪同签约，在保证交易安全的同时提供金融服务，包括为客户设计最优的按揭方案等，管家公司一般会设立专门的金融部门帮助客户解决这个方面的问题。

｜第 24 讲｜ 房地产 IP 人设打造的基础

1. 什么是 IP 人设

IP 人设就是 IP 在客户心中的形象。

你把粉丝当什么，粉丝就把你当什么。

2023 年 6 月，我去浙江湖州上课，有一位学员是我的铁粉。她 40 岁了，之前在抖音上没有跟我聊过天。当天，她见到我之后非常激动，眼含热泪。

她跟我说，她从 2022 年年底开始关注我，然后按照我分享的方法做抖音，半年内通过抖音成交了 8 套房子，虽说成交量不是很大，但她找到了一些获客的方法，她非常感谢我。

这种粉丝，我基本上每次在线下讲课时都能遇到。

2023 年 9 月，我去江苏省连云港市灌南县讲课，这个县的 GDP 在江苏省排名比较靠后。我居然在这里遇到了几十位粉丝，上完课他们挨个和我合影，还送给我当地的特产，这让我受宠若惊。

还记得上面那句话吗？你把粉丝当什么，粉丝就把你当什么。

我做短视频的初心是把自己的一些工作方法梳理一下，跟大家分享，记录自己的想法，顺便解答大家的问题。

从 2020 年到 2022 年，我不方便出去讲课，所以只能把课程内容做成一条条短视频，跟大家分享。

我当时根本没有想到，有一天我会成为大家口中的达人。我从来没有想过要做什么达人，这不是我的初心。我的初心很简单，我只是想告诉我的粉丝我的工作方法是什么。

如果他们用着好，我希望他们告诉我，我会把他们的反馈记录下来，放到我的线下课里。如果他们用着不好，我也希望他们告诉我，让我知道这些方法有时候在有些地方可能行不通。

我做这件事的最终目的是成为这个行业里的咨询专家。我可以帮企业做培训，我可以帮企业做战略咨询，我可以帮经纪人变得更好。

从功利的角度来说，我现在所做的点点滴滴都是为了让粉丝关注我，让粉丝看我的视频，让粉丝给我反馈，告诉我哪个点说得好、哪个点说得不好。我需要跟更多的人交朋友，跟更多的粉丝建立连接，让粉丝知道在房地产领域做培训的有一个叫老米的人，这个人还挺实在。

当客户有困难时，当公司需要通过培训提升业绩时，能想到有一个叫老米的人，这就够了，这就是我做抖音的初心。

各位做房地产业务的朋友，你的初心是什么？帮助客户解决买房卖房的问题还是赚钱？

如果做什么都是为了钱，那么你的行为和语言一定是急功近利的。你的急功近利会体现在视频中，客户看得出来。

相反，如果你真心想帮助客户，每条视频都在分享有价值的内容，你就一定能打动客户。

当你能打动客户时，你的人设自然就立起来了。

人设立住了，成交就会变得非常容易。

如果你做了很长时间的抖音，却没有办法转化你获得的客户，一定是人设出了问题。

我为什么天天跟大家说要做口播视频？我为什么反复跟大家说要做人设？

做人设的目的就是不断地触达目标客户，把你这张脸印在他们心里。只要他们记住你，你就成功一半了。

他们都不认识你，都不知道你是谁，对你根本没有信任感，凭什么跟你买房？

人设立住了，你这张脸深深地印在客户的脑海当中，他们在线下见到你的时候，就会感到非常亲切。

2023 年 3 月，我去成都讲课，讲完课后跟成都的一位老同事吃饭。他带了一位朋友，他的朋友恰好是我的粉丝，见到我之后很热情地说："哎呀，老米，你来了！离你几十米远的时候，我就看出来你是老米！"我们那天聊得非常开心。

下面再讲一个故事。2023 年 5 月，我去了一趟山西运城，当地有一家房地产中介公司，总经理姓王。他其实没在抖音上刷到过我的视频，但他的一位朋友是我的粉丝，天天跟他说做培训就找老米。他在抖音上通过私信找到我，我们用电话聊了几句，当天就确定了培训的时间，他当天就打了款。

你通过一条又一条的口播视频让客户觉得你非常专业，通过一个又一个的知识点彻底获得了客户的信任，人设已经立起来了，客户也足够信任你，这时成交就是自然而然的事情。

打造人设需要多做口播视频，你要尽量真人出镜，跟大家讲解在这个城市应该如何买房，传达房地产行业的各类信息，而不是指望着拍一条视频就能获得多少客户。

你要有利他的思维，每天都给客户传播一点有用的知识，让客户觉得你这个人很靠谱，想要成为你的粉丝。

当你把利他的人设立起来后，别人就会觉得找你一定没有问题，因为你并没有站在销售的角度推销产品，而是以顾问甚至朋友的身份帮助大家分析这些问题。

你要通过抖音把专业的、强大的、自信的、真实的自己展现出来，获得更多的曝光，让更多的人认识你。人设立住了，转化就变得容易了。

2. 有人设才能涨粉

很多朋友问我："为什么我的粉丝涨得很慢？我都拍了三五百条视频了，粉丝怎么才一两千？我的粉丝量为什么涨不起来？"

我看了很多内容不错但粉丝量涨不起来的账号，这些账号有一个通病——没有人设。一种典型的情况是光拍房子，没有真人出镜；另一种典型的情况是有真人出镜，但出镜者并没有告诉大家自己是谁，账号的简介里也没有写清楚自己是谁。

在运营"房产说理老米"这个账号的早期，我会在视频里反复提起自己的称呼"老米"，目的就是让大家记住我。很多早期视频的开场白是："大家好，我是房产说理老米，每天聊点房地产中介的事儿。"

刷到我的视频的人一看就知道，老米每天会聊点房地产中介的事情。这个人设慢慢地可以吸引一些粉丝，其中一些粉丝会慢慢转变成铁粉。有了铁粉之后，各方面的数据就会提升，包括完播率等，算法流量就跟着来了。

3. 怎么做好人设

做好人设其实就一个技巧——做真实的自己！

你在现实当中什么样，你在视频当中就什么样。

如果你拍口播视频，可以把观众当成朋友，跟他们聊聊天。下面是一个例子。

昨天有一个朋友问我："老米啊，你帮我分析一下，现在到底适不适合买××小区的房子？"这个小区是这样的，它处于××地段，周边的配套有××。这个小区目前的产品有××，价格是××。这个小区的优点有××，缺点有××。这段时间产品的供应量还是比较大的，选择空间比较大，价格也比较合适。大家觉得这个小区怎么样？欢迎大家在评论区跟我互动。

口播视频做起来很轻松，你在线下怎么跟朋友聊天，面对镜头时就怎么说，不用考虑文案，心里怎么想嘴上就怎么说，直接表达就可以了。

做探盘视频的逻辑其实也差不多。

探盘视频是什么？探盘视频其实就是一位朋友请你帮他看看某个小区，帮他拍一下这个小区的房子到底怎么样。

在平时工作中，经常会有客户委托我们拍一下某个小区的房子。我们接到委托之后，就会拿着手机去这个小区拍一下。

"王姐，我到了这个小区了。你看，它周边的环境是这样的，配套有这些，小区里边是这样的。我再给您拍一下房子里面啊，这是客厅，这是主卧，这是次卧。这套房的面积是 ×× 平方米，价格是 ×× 万元。您喜欢这个小区吗？你要是喜欢，我明天开车接上你，咱们一起过来看一下。"

这不就是探盘吗？做探盘视频其实是一件很简单的事，我们作为经纪人，拍这类视频的目的是帮助客户解决问题。

不断地传达有价值的信息、评测产品，让客户知道你这个人不仅接地气，而且讲的都是实话，你不用刻意包装自己，就能打造出有价值的人设。

房地产 IP 常见的四种人设如下。

（1）专家

打造专家人设，往往需要西装革履，坐在整洁宽敞的办公室，讲解房地产市场行情、交易知识、宏观经济、区域发展等。

这种人设比较适合在大城市主做新房的资深经纪人或店长，年龄最好在 30 岁以上，声音要有感染力。

（2）朋友

打造朋友人设，需要多分享一些在本地购房的案例、注意事项、技巧等。

朋友人设比较适合一线的经纪人，主打真实，多以口播的形式呈现内容，分享本地房地产市场行情、客户买房故事等。

（3）评测者

打造评测者人设，需要多做产品评测，从地段、配套、环境、房子本身优点与缺点、适合人群、未来流通性等角度对产品做客观评价。

（4）销售员

打造销售员人设，需要以工作日记的形式呈现内容，以介绍自己每天的工作为主要内容。销售员人设比较适合新房售楼部的销售人员。

| 第25讲 | 房地产 IP "人设打造四步法"

我从自己做抖音的经验中提炼出了"人设打造四步法",下面分享给大家。

1. 设置"主页五件套"

（1）昵称：城市 + 房产 + 名字

一定要取一个一下就能让别人记住的名字,最好简单一点。

我的思路是,你的朋友怎么称呼你,你就叫什么名字。

比如,"广州大美说房""广州老赵聊房"就是很好的昵称,"大美""老赵"之类的名字看起来很普通,但容易让人记住。

（2）头像：专业、大气、体现行业背景

头像建议使用职业照,要专业、大气,尽可能体现行业背景。头像是一个账号的门面,连头像都邋里邋遢,怎么能获得客户的信任呢?

（3）简介：你是谁、你的任职经历、你的价值

简介要突出自己的特点。比如,"潮汕小伙在广州卖房、6 年军旅经历、广州土著"之类的简介可以把自己的某些特点和价值凸显出来。

千万不要写"地产小白一枚"之类的话,因为没几个人愿意找新手买房。

（4）背景：符合定位、简单大气、适当地打广告

背景可以展现城市的地标建筑,也可以适当地打广告。

（5）封面：外景 + 主播 + 标题

封面一定要保持风格一致,但不建议使用完全一样的海报,统一的海报封面会显得过于商业化。

2. 内容加持

人设是通过一条条视频打造出来的。

持续发布视频是对人设最好的建设。要想成功地打造人设，在内容方面必须坚持三个原则：**真人出镜、持续发布、有价值**。

真人出镜，是为了做出差异化，让用户记住你。世界上只有一个你，只要你出镜了，这条视频就是独一无二的。只要你真人出镜，你就是真诚的。你的形象、声音、气质、专业度迟早可以打动部分客户。

持续发布是打造人设的基础。要想获得更多的粉丝和客户，不能只靠一条视频，而要靠成百上千条视频。最好每天都更新，让客户感知到你很高产。

有价值是指通过视频展现你能给客户带来哪些好处。如果看你的视频没有好处，客户就不会关注你。

3. 互动

互动包括私信、评论、粉丝群维护等。

当你有一定数量的粉丝时，每天都会有很多人给你发私信、评论你的视频，或者在粉丝群里提问，你一定要耐心地回应。

当然，"黑粉"和负面评论总是会有的，但一定不要做出互骂等行为，如果因为一时冲动发布负面内容，辛辛苦苦打造的人设就毁了。

4. 拍摄人设视频

人设视频主要有以下三种。

第一种是个人履历，具体形式可以是从业经历图片轮播，也可以是口播视频。选题示例如下。

选题：我的从业经历（口播/图文）

我是如何进入这个行业的

我做房地产中介多久了

我为什么选择做这个行业

我主要做哪个板块的业务

第二种是专业度呈现，内容一般是分析在某个城市怎么购房，形式以口播为主。选题示例如下。

选题：在××市如何购房（口播）

××市房地产市场现状

××市选房指南

从业10年经纪人教你如何在××市买到称心的房子

第三种是客户购房故事分享（服务案例），你可以分享帮客户买房的故事，展现你提供的细致服务。选题示例如下。

选题：我印象最深刻的一位客户（口播）

客户来源

客户需求与购房经历

如何帮客户买到合适的房子

买房经验总结

| 第26讲 | 做抖音如何打造优质人设

很多经纪人对抖音账号"房产说理老米"的人设非常感兴趣。这个人设看似没什么亮点，但每句话都能抓住粉丝的心，触碰到经纪人的内心深处。他们也想打造一个能够打动客户的人设。

下面介绍打造人设的四个要点。

1. 真实

所谓真实，就是你要把自己真实地呈现出来。你是谁，你在哪里，你是做什么的，这些都要在简介里写清楚。而且，最好真人出镜，把真实的自己展现给大家。

我们不是演员，没办法去扮演别人，只能做好自己。线下什么样，线上就什么样，简简单单、真真实实地把自己呈现出来，总有人会喜欢你。

如果你硬要装，想展示虚假的形象，时间长了一定会被用户识破，到时你的人设就崩塌了。

真实的自己，就是最好的人设。

2. 价值

所谓价值，就是发布的内容对用户有价值，不哗众取宠。

拍探盘视频，要把每套房子的核心卖点、核心优势挖掘出来。

做口播视频，要传播有价值的观点，或者解决用户的问题。

视频不一定要很长，时长在 2 分钟左右就可以了，但一定要把有价值的内容输出给用户。

3. 互动

所谓互动，就是别人看你的视频时有一种参与感，而不是你单方面给用户讲课。

比如，假设我在昆明做房地产类账号，我要拍一套新房，我会这样表达："在昆明你会选择这样的房子吗？进来看一下。"

这句话里面只说了一个"你"字，就让大家参与到这条视频中了。

我也可以说："在昆明这两类房子千万不要碰，我说说，你看看对不对。"

"你看看对不对"也能让大家产生参与感。

你把大家带入具体的情景中，大家自然就和你互动起来了。

4. 持久

所谓持久，就是你得连续地拍摄、发布视频，最好每天都拍。很多人问我："一天拍几条视频？"其实，不用一天拍好几条，每天拍一条，坚持下去就行。

平台要的是你持续地贡献内容，要的是粉丝每天都能看到你的视频。

从 2021 年年初起号到现在，不管多忙，我都保持日更一条时长 3 分钟以上的视频。哪怕白天非常忙，没时间拍，到了晚上我还是会拍一条视频。如果断更一段时间，很多用户就看不到我了，粉丝黏性就会下降，进而影响账号的发展。

如果你想做 IP，不管你白天有多忙、多累，到了晚上一定要抽出时间拍视频，哪怕录一段几十秒钟的口播视频都可以。如果没时间写文案，就打开手机相册，看看你今天做了哪些工作，跟大家简单讲一下，分享一下自己的感受和收获，这样的内容也会有人喜欢，而且你确保了不断更。

|第27讲| 如何通过优质人设涨粉

很多经纪人都希望粉丝多一些，但实际上粉丝量跟转化率是两码事。

大家要正确地认识粉丝量，更重要的不是粉丝量有多少，而是精准的本地粉丝量有多少。

绝大部分经纪人卖的都是本地的房子。比如，假设我在广州，我吸引乌鲁木齐的粉丝就没什么用，因为乌鲁木齐人很少来广州买房，我只要把广州本地的粉丝吸引过来就可以了。

粉丝不一定非要很多，但一定要很精准，精准了才有转化的机会。

如何吸引精准的本地粉丝？我认为有三个要点。

1. 定位要清晰

现在起一个房地产类账号，不能光是拍一堆房子，客户喜欢哪套就联系。

现实情况是，很多账号拍了很多房子，但视频的播放量很低，白白浪费精力。

现在拍视频要先做一番倒推：我的客户是哪些人？我的房子是卖给谁的？

这些人喜欢看什么样的内容，你就拍什么样的内容。

比如，假设我在广州主做新房，视频内容应该就是广州的新房。如果做探盘视频，我会把广州每个区的优质新房项目全部跑一遍，每个项目拍一条视频。

如果做口播视频，我会每天跟用户分享下面这些内容。

在广州如何买新房？

广州热门新房项目各自有何优点与缺点？

在广州的不同区域该怎么买新房？

在不同的预算范围内，如何在广州买新房？

定位清晰了，内容方向就明确了；内容方向明确了，吸引的目标客户就比较精准了。

很多经纪人拍房子的时候，不说自己在哪个城市，这是大忌。要想吸引精准的本地粉丝，一上来就要强调自己在哪个城市。

比如，假设你在广州，在视频开头就要讲："在广州……"

仅仅前三个字就能留住广州的客户，如果在很后面才说你在广州，可能广州的客户早就划走了。

2. 人设要接地气

经纪人要大大方方地跟大家讲自己叫什么名字，如"我是老张"或"我是小李"等，不要有什么心理包袱。

有些经纪人怀疑自己："我出镜会不会很丑啊？我会不会很难看啊？"

其实，根本不用想那么多，把自己真实的一面展现给用户就行了。他们接受你，他们认可你，就能和你交朋友，就会找你买房；他们不接受你，不认可你，划走了就算了。

3. 内容要有价值

这里所说的价值可以是情绪价值、知识价值或其他价值。每一条视频都要有价值，有价值的内容是涨粉最强大的利器。

很多人关注老米，为什么呢？因为老米拍了超过 1000 条视频，大家觉得老米的视频都是干货，这么多内容一下子看不完，那就关注一下吧。

做抖音做的是价值认同，当客户认同你又有购房需求时，就会主动找你。

2023 年中秋的时候，我跟广州的一个朋友老潘聊天。他做抖音已经做了 3 年，我起号的时候，他也刚起号。当时我俩互相鼓励，现在我的粉丝量已经起来了，他的粉丝量才 3000 出头。但是，我并没有嘲笑他的意思，因为我没有资格嘲笑他。

老潘在中秋前一周成交了一套豪宅——4000 多万元的别墅，客户是从抖音上来的，佣金有上百万元。

做抖音做了 3 年，他只成交了这一位客户。这位客户半年前就跟他互加了微信好友，在此期间，客户问了老潘很多市场信息，包括豪宅市场的走势等，但客户一直没有出手，一直在犹豫。正好中秋节前那段时间，房地产市场政策频出，这位客户决定出手，跟老潘买了一套别墅。

我做了一番换位思考，如果我是老潘，做了 3 年抖音，拍了 400 多条视频，只有 3000 多个粉丝，而且没有成交，我会不会继续坚持下去？

实话实说，我可能早就坚持不住了。但是，老潘却坚持了下来。

我问老潘："3 年没成交，粉丝也不多，为什么坚持去拍视频呀？"

他说："豪宅的成交周期本来就很长，现在跟一位豪宅型客户，跟三五年的都有，更别说这种跟进了半年就成交的，这已经算比较快的了。"

我又问老潘："当你没有成交时，你拍视频时压力大不大？"

他说："我就是把手上的别墅拍一下，给业主一个交代，也给我自己一个交代。我要了解一下这个产品，如果我都不能面对镜头把这个产品讲清楚，我就没有资格卖。"

他的这句话打动了我。我们做抖音，到底是在做什么？如果不能变现，我们还要继续坚持吗？

跟老潘聊完，我更加坚信这一点：我们做抖音就是在做价值，也就是把我们有什么价值告诉抖音上的用户。信任我们的人未来一定会跟我们产生交集，至于在短期内能不能成交，先不用过多地考虑。

经纪人通过拍视频要提供三大价值。

第一个价值是信息价值。 我们要不断传达自己所在城市房地产市场的行情。

第二个价值是产品价值。 我们拍目前市场中比较好的产品，不是什么房子都拍，要拍有代表性的、我们能控制的、能跟业主深入沟通的、能谈价格的房子。

第三个价值是情绪价值。 有一次，一位粉丝给我留言："老师，我就喜欢听你每条视频最后讲那一句'不聊了，我去赶飞机'。"他特别喜欢这个状态。我之前从来没想到我还能给大家提供一些情绪价值，让大家看完我的视频之后觉得挺有意思。

我坚持拍视频是为了传播我的价值，这倒逼着我不断地学习、成长。每一条视频，我都要给粉丝带来一点价值，如果能帮到粉丝，那就再好不过了，如果帮不到粉丝，我至少也取悦了自己。

｜第 28 讲｜ 房地产 IP 如何选品

人设立起来之后，下一步就是转化，而转化的核心是选品。这就需要经纪人对手上的优质产品做一番梳理。

一般来说，经纪人手上的产品可以分为以下两个大类。

（1）新房

新房产品可以根据不同的几个维度做细分，如按照客群和价格分为四个梯队：

- 刚需型客户主推项目（总价为 60 万元以下）；
- 刚改型客户主推项目（总价为 60 万元～100 万元）；
- 改善型客户主推项目（总价为 100 万元～150 万元）；
- 豪宅型客户主推项目（总价为 150 万元以上）。

每个梯队的客户都有相应的主推产品和对比产品。

（2）二手房

如果主做二手房，做全城是很难的，除非是县级市。哪怕是稍微大一点的地级市，做全城的难度都很高。因此，大部分主做二手房的经纪人也只是负责几个大的商圈。

对二手房经纪人来说，能在自己负责的商圈内一个月成交两三单就可以了。做全城看似单多，但是竞争的激烈程度也很高。你在 A 区，你去 B 区卖房，难度很高。你在 A 区，接到一个 C 区的客户，如果公司没有很强的房源联卖合作系统，也很难成交。而且，你本来就对 C 区不了解，你主营 A 区，接到了 C 区的客户，往往很尴尬。

现在，如果主做二手房，商圈 IP 更容易做起来的，也比较容易变现。

如何做一个商圈 IP？

我总结了四个重要步骤。

第一步：切分出一个区域市场

这个市场最好是次新房板块、城市里面的新区，而且是目前整个城市交易量、关注度、潜力都比较大的地方。

以浙江温州为例，如果让我做，我会选择龙湾区，也就是机场所在的这个区域。这个区域环境好，交通便利，整体房价相对来说比较合理。主城区鹿城区的房价基本都在每平方米 3 万元以上，而龙湾区的价格只有前者的一半。

第二步：整合这个区域市场中的二手房和新房

比如，如果让我做温州龙湾区，我会整合产品。龙湾区的万达板块、奥体板块成交量较大，我先整合三四个小区，把这三四小区的房源整理好。同时，我会找与这些小区价位相当、距离大概在 5 千米范围之内的新房。把新房和二手房产品整合起来，我就大概能判断出来这个板块的客户群体是哪些人，他们有什么样的核心需求。我会把这个板块的现有产品按照总价分成四个档次。

简单来说，起号之前，先切分市场，市场细分完了，再整合优质产品。

第三步：起号

账号名字就叫"龙湾老米说房"，账号的定位是商圈专家、板块专家、小区专家。

我主要做下面这些内容：讲龙湾区的发展情况，做一些测评和买房攻略，讲一些龙湾区客户的常见问题，分析龙湾区目前的市场行情，分析龙湾区目前新房、二手房的交易量。我会通过这个账号让龙湾区的业主、客户都知道有一个叫老米的人，他们找不找我买房或卖房没那么重要，我要先把自己的形象立起来。

第四步：转化

积累期可能长达半年左右，在此期间要持续拍摄、发布相关的视频。

比如，我在龙湾区的半年时间内，要让大街小巷的很多业主、客户一看到我就能认出我，很多客户见到我就说"这不是那个龙湾老米说房吗"，这就够了。

当大家都认识我时，很多同行也会主动找我合作，很多业主、客户也会主动找我为他们提供服务。

| 第 29 讲 | 房地产 IP 的服务体系

房地产 IP 建立服务体系是为了做客户转化，形成交易闭环。既然选择了做 IP，服务肯定跟传统的房地产中介有差异，服务体验一定要升级。

房地产 IP 的服务流程分为三个阶段。

1. 邀约面谈（电话会谈）、了解需求

这个动作不能省略，能见面就不要打电话，能打电话就别发微信消息。

当我们在线上接到客户咨询时，一定要进行邀约。简单解答几个问题之后，就要进行线下邀约，通过面谈全面掌握客户的需求。

一般由 IP 主理人或其助理邀约客户面谈，客户上门之后，他们一起接待客户。如果客户的需求比较特殊，板块专家和带看专家也要参与面谈。

客户需求表如表 2-2 所示。

表 2-2　客户需求表

客户需求						
位置		价格		楼层		面积
户型		装修		年代		朝向
车位		物业		用途		居住人
购买急迫程度			客户本人工作地点			
工作职务			家人上班/上学地点			
交通工具			性格爱好			
婚姻情况			购买方式			
收入情况			现居住情况			
家人情况			主要决策人			
相关决策人			看房经历			
隐性需求						

不管面谈还是打电话，都要遵守一个原则——利他，也就是时刻站在客

户的角度，帮助客户分析目前的痛点和难点，根据客户的预算和核心需求筛选合适的区域和商圈。

2. 提供购房方案

在面谈或电话沟通中要完成第一轮筛选，结合客户的核心需求，为客户提供一份购房方案。

制定购房方案一般分为四个步骤。

第一步，确定客户需求

确定客户需求时一定要问客户以下三个问题。

问题 1：看过哪些房子？

知道客户看过哪些房子，基本上就能知道客户大致的预算范围，客户需要什么样的房子。

问题 2：喜欢哪些房子？

只要客户说出自己喜欢的房子，基本上就能知道客户的喜好。

问题 3：当时为什么没有买那套喜欢的房子？

这个问题直击客户的痛点，客户当时可能因为一些原因没有买下那套喜欢的房子，如果能问出真正的原因，就能在后续的过程中掌握成交的主动权。

问完上面这三个问题，再跟客户聊聊家庭、生活、工作、个人的发展计划等，我们基本就可以掌握客户的核心需求了。

客户的核心需求大致可以分为刚需、刚改、改善、终改、投资、养老等几类。

刚需型客户要的是买得起、孩子有学上、生活便利。

刚改型客户要的是活动空间、孩子能上一所好学校。

改善型客户要的是生活圈，也就是住到这个小区里能有更好的生活，能彰显自己的社会地位。

投资型客户要的是回报率和流通性。

养老型客户要的是周边的配套和生活舒适度。

不同的客户有不同的需求,只有先明确客户的核心需求,经纪人才能制定合适的购房方案。

第二步:选区域

现在很多打算买房的客户其实对整个城市的发展状况不是很清楚。

比如,有的客户要买广州的房子,广州分为中心六区和外五区,到底买哪个区的房子呢?每个区的产品不一样,定位不一样,条件也不一样。只有先确定区域,才能进一步选择商圈或板块。

比如,有一位客户找到我,说他想在广州老市区买房,那就可以在越秀、荔湾、海珠这几个区选房,从价格来说,海珠区的房子性价比最高。确定了买海珠区的房子后,我就可以推荐三个板块:预算不多的话可以考虑东晓南,预算多一点的话可以考虑滨江东,希望一步到位的话可以考虑琶洲。

板块选好后,找房的范围就大大缩小了,便于后续的匹配。

第三步:选产品

帮客户选产品,不管新房还是二手房,都要遵循以下两条法则。

法则 1:主推法则

在推荐给客户的房子里面,一定要有一套是最适合客户的,是主推的。同时,还要提供一些备选项,万一客户不喜欢主推的房子,这些备选项就可以顶上。

挑选备选项也是有讲究的,价格、户型或其他方面要与主推的房子形成对比,如果客户看不上主推的房子,就可以带客户看这些用于对比的产品。

法则 2:"3+1"法则

如果客户说要买新房,最好给他匹配 3 套新房、1 套二手房;如果客户说要买二手房,最好给他匹配 3 套二手房、1 套新房,这就是"3+1"法则,新房和二手房要联动起来。

第四步:带看计划

选好产品之后,要结合客户方便看房的时间和购房周期,做一份带看计划。

最重要的是明确先看哪个、后看哪个。

比如，有一位客户要在广州市区买房，预算大概是 300 万元。客户希望房子最好在成熟商圈，不介意房龄，板块专家结合客户的预算和核心需求选了两个最合适的板块，分别是黄埔区的大沙地板块和海珠区的客村板块。

下一步，带看专家要带着客户去看房，周六先看黄埔区的大沙地板块，周日再看海珠区的客村板块，让客户充分地对比产品及区域。

3. 服务交付

把购房方案发给客户后，如果客户没有提出异议，就正式开始服务交付。

服务交付主要包含以下四项内容。

（1）建立服务群

建群的目的是为客户提供私人定制服务。

群成员包括 IP 主理人及其助理、客户、客户家人、板块专家、带看专家、房源专家等。

IP 主理人负责客情维护，跟客户深度沟通；IP 主理人助理负责汇总客户的情况，跟主理人汇报、沟通、反馈；板块专家负责帮客户筛选合适的房子，出具评测报告，对接带看专家；带看专家负责带客户看房，讲解板块或商圈配套、小区、房子的具体情况；房源专家负责整合公司的资源、对接新房和二手房源合作方、议价等工作。

建好群之后，先把带看方案发给客户，没问题之后就进入带看阶段。

服务群可以让各方保持沟通，及时反馈客户看房的结果。客户看过的房子、目前的价格等情况都要及时跟进，跟进人既可以是板块专家，也可以是带看专家，要安排一个人全程跟进客户。

（2）带看服务

带看服务由带看专家提供。带看专家将板块专家提供的房源信息和房源测评报告打印两份，一份给客户，一份留给自己用于讲解时参考。

带看可以细分为下列三个环节。

环节1：带看前的准备

带看前一定要做好准备，尤其是第一次带看前。

带看要按照计划进行，包括带看时间、带看地点、带看顺序、带看工具、带看话术等。准备越充分，带看时越应对自如。

环节2：带看中的服务

带看中的服务包括商圈剖析、房源讲解、答疑解惑、需求挖掘等，每一项服务都关乎客户的信任。

做好带看中的服务是确认客户需求、让客户对我们产生信任感、促成交易的关键。

环节3：带看后异议处理

带看结束后，一般会有三种情况：客户喜欢、客户考虑、客户不喜欢。针对每种情况，都要处理好客户提出的异议，当天给客户讲解清楚，并做好下一步的跟进计划。

（3）议价服务

客户看完房子后，下一步就要谈价格。

如果是新房，由房源专家跟开发商的销售人员交涉，帮客户争取折扣和优惠；如果是二手房，由板块专家或房源维护人员帮客户跟业主谈价格。

（4）签约及售后服务

签约及售后服务包括很多内容，如全程陪同签约、风险提示、交易安全、金融按揭服务、房屋交割服务、房屋验收、装修、家具家电、家政服务等。各个环节涉及的服务项目有很多，对房地产中介行业来说，交易佣金不是唯一的利润来源，延伸出来的售后服务也是重要的利润来源。

第三篇

IP 内容创作

|第30讲| 口播视频的价值

1. 口播视频是展示人设的窗口

没有口播视频，房地产 IP 就没有人设。

大家可以观察一下，抖音上做得好的房地产 IP 绝大部分都是以口播视频为主的。

人设是靠一条条有价值的视频打造出来的。口播视频是人设价值的体现。我坚信，连做口播视频的勇气和兴趣都没有的经纪人，很难打造出 IP。

在短短的几十秒时间内留住客户，让客户认真地听你讲一段，其实是非常不容易的。正因为这个活不好干，才凸显了口播视频的价值，才是拉开与竞争对手差距的机会（见图 3-1）。

图 3-1　口播视频的价值

2. 口播视频是涨粉的最佳工具

别人为什么会成为你的粉丝？一定是因为你能给别人带来价值。

房地产是普通人消费的最贵的商品，在购买之前，绝大部分人一定会多方面搜索相关信息，尽可能做到不买贵、不买亏。

抖音上的房地产类口播视频就是他们获取房地产相关信息的最佳来源之一。从板块分析到商圈分析再到行情分析直至"避坑"指南，都是他们最关注、最需要的内容。

如果你一上来就拍房子，用户就很难关注你。纯拍房子的视频，在用户看来，就只是为了卖房而已。

如果你每天都向用户分享买房的方法、技巧，分析当前的市场行情，分析热门商圈和热门产品，让用户觉得你发的每一条视频都能帮上他们，他们自然就会信任你，甚至成为你的粉丝。因此，口播视频是涨粉的最佳工具（见图 3-2）。

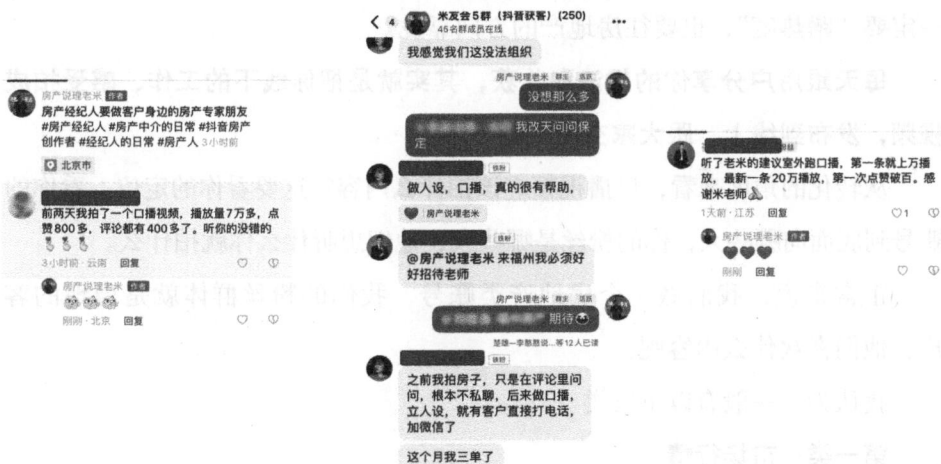

图 3-2　口播视频有助于涨粉

3. 口播视频的创作成本更低

口播视频创作几乎是零成本，只要你有手机就行，一个人对着镜头拍一段就可以了。拍口播视频，金钱成本低、时间成本低，几乎不受什么限制，随时随地都可以拍一段。

拍房子的话，你还得写脚本、买工具，甚至还要花钱请摄影师和剪辑师。拍口播视频就不用那么麻烦了，最多买一个收声麦克风和一个自拍杆。

创作一段2分钟的口播视频，如果是老手，拍摄加剪辑最多半小时就完成了，而且越拍越熟练。

4. 口播视频拍什么内容

口播视频一点也不复杂，对着镜头表达你的想法、观点，只要是跟你所在城市房地产相关的内容都可以讲。

我不建议大家做泛流量。你只讲与本地房地产相关的内容，你吸引来的就是本地客户；如果你讲的内容太泛，吸引来的就不光是本地客户了，即便一定要"蹭热度"，也要往房地产的方向靠拢。

每天跟用户分享你的想法和收获，其实就是把你线下的工作、感受拍成视频，发布到线上，跟大家交流互动一下。

从转化的角度来看，口播视频应该拍什么内容？这要看你的定位，看你的账号到底面向哪些人，你的粉丝是哪些人，他们想听什么你就拍什么。

正常来说，我们做一个房地产类账号，我们的粉丝群体就是当地的客户，他们喜欢什么内容呢？

我认为，一般有以下三类。

第一类：市场行情

你所在城市3月的行情如何？5月的行情如何？第一季度的行情如何？上半年的行情如何？全年的行情如何？

客户需要了解新房、二手房市场行情，需要了解刚需房、改善房、养老房、婚房、二胎房怎么买。客户有这些需求，我们自然就要去讲相关的内容。

第二类：买房故事

买房故事也是目前流量比较高的选题，比如：

- 某客户买房遇到了哪些困难，你如何帮他解决，总结一下这类客户买房的经验；
- 业主该怎么卖房，你是如何帮业主成功地卖掉一套房的；
- 你对目前着急卖房的业主有什么建议；
- 租房人群有了一定的积累就想买房，他们应该如何选房。

第三类：购房知识

购房知识涉及面很广，包括怎么选楼层，一楼带花园的房子能不能买，顶层的房子该怎么选，东南向跟东北向的房子哪个更好，等等。

你要通过传播购房知识让客户知道，你是一个"行走的购房知识库"，什么都懂。只要客户觉得你很专业，当他们有需求时就会向你咨询，做这类内容的目的就达到了。

第31讲 | 口播视频的选题

做口播视频的目的是解决客户针对买房提出的各种问题和疑惑。

我花了3年的时间对客户买房时碰到的问题做了系统的梳理，总结出了10大选题方向。

1. 区域

对你所在城市进行区域划分，既可以按行政区划划分，也可以按东西南北划分，还可以按新老城区划分，最好按客户熟悉的方式进行区域划分。

广州市越秀区怎么选房（盘点每个区的买房策略）

广州市珠江新城商圈怎么选房（盘点每个商圈的买房策略）

2. 价格

分析不同的价格能买到什么样的房子。

（1）首付类

首付 20 万元能在 ×× 买到什么样的房子

首付 50 万元能在 ×× 买到什么样的房子

（2）总价类

总价 100 万元能在 ×× 买到什么样的房子

总价 500 万元能在 ×× 买到什么样的房子

（3）月供类

月薪 6 千元能在 ×× 安个家吗

月薪 2 万元能在 ×× 买到房子吗

3. 选择

对客户的选择进行分析，为客户提供一些建议。

（1）板块选择

首付（总价）×× 万元，选 A 区还是 B 区

在广州总价 200 万元选增城区还是番禺区

（2）产品选择

×× 市 ×× 区选新房还是选二手房

预算不多，在广州买房选市区"老旧小"还是选郊区新房

4. 政策

解读城市购房政策，进行分析，为客户提供一些建议。

（1）商贷政策

在 ×× 市（区、县）买房，等额本金与等额本息该怎么选

×× 市（区、县）房贷利率降了对买房有什么影响

（2）公积金政策

××市最新公积金政策对购房的影响

××市购房如何使用公积金

××市公积金贷款与商贷的区别

（3）税费问题

××市买二手房（新房）要缴纳哪些税费

××市购房税费新政策来了

5. 盘点

针对客户的某种需求，盘点适合客户的产品或选择。

（1）二手房类

盘点在××市（区、县）买房要避开的五个坑

盘点××市（区、县）××商圈值得入手的五个小区

盘点××市（区、县）适合刚需群体的小区

盘点××市（区、县）方便照顾孩子上学的小区

盘点××市（区、县）适合当作婚房的小区

盘点××市（区、县）改善型小区

××市（区、县）2023年下半年值得关注的四个小区

（2）新房类

××市（区、县）2024年上半年值得关注的四个新房项目

盘点在××市（区、县）买新房的五个关键点

盘点××市（区、县）方便孩子上学的新房

盘点××市（区、县）适合当作婚房的新房

6. 对比

找同类商圈、小区做对比。

（1）**商圈对比：同一区域商圈对比**

在广州黄埔区选择大沙地商圈还是文冲商圈

（2）**小区对比：同一商圈小区对比**

总价 300 万元在大沙地商圈选择东苑小区还是鹤林苑小区

（3）**项目对比：同一商圈新房项目对比**

总价 200 万元在广州新塘商圈买金地还是买华润

7. 热点

分析所在城市的最新热点、房地产行业新闻。

（1）城市规划

××市（区、县）最新的发展规划分析

（2）拿地情况

××市（区、县）最近的拿地情况

（3）房价情况

2023 年××市（区、县）房价降了吗

（4）房产热点

2023 年要不要在××买房

2023 年××市的这个项目居然爆了

8. 产品

从专业的角度解读二手房小区或新房项目，一个小区做一条视频。

（1）新房

××市××项目值得买吗

（2）二手房

××市××小区的房子值得买吗

××市××小区住起来怎么样

9. 客群

分析不同类型客户买房时遇到的问题。

（1）刚需客户

在××市（区、县）刚需型客户该如何选房

在广州刚需客户上车太难了

（2）改善客户

在××市（区、县）改善型客户该如何选房

（3）豪宅客户

××市的豪宅都在哪里

（4）养老客户

在××市（区、县）养老型客户该如何选房

10. 故事

讲述身边客户买房、业主卖房、租客租房的故事，通过讲故事总结买房、卖房、租房的经验。

（1）卖房故事

卖了3年的房子，今天终于卖出去了

（2）买房故事

跟了3年的客户，今天终于买房了

（3）租客故事

前年跟我租房的客户，今天终于在××市安家了

|第32讲| 口播视频的文案

一提到文案，很多经纪人就觉得头疼，他们觉得拍短视频最难的部分就是写文案。尤其是拍口播视频时，对着镜头不知道该讲什么。

这跟我们小时候学写作文是一样的。前期肯定要多看书，做一些好词好句的摘抄，每天背诵一些好词好句，然后每周写一篇作品、每天写一篇日记，不断地训练，时间长了自然就会写作文了。

写口播视频的文案也是这个逻辑，写文案是一个输入和输出的过程，脑子里没有东西输入，当然就没有输出。

1. 写文案需要积累

很多经纪人拍口播视频时不知道该拍什么内容，这背后实际上有两个问题：一是总希望拍了就有效果，只想拍那种发布后立即就能吸引来新客户的视频；二是总想着一次就拍好，不想反复拍。

其实，不是你不知道拍什么，而是你的要求太高了。

你知道什么，你想表达什么，你就拍什么。不要过于在意拍什么才能吸引来新客户，这个虽然重要，但没有你动手开始拍重要。

每一次拍摄都是提升、进步的机会。以我自己为例，我也不是一开始就能对着镜头自如地表达，我反反复复拍了几百次之后，我就慢慢地掌握了一些技巧，我的思路也越来越清晰了。所以，在起步阶段，不要考虑拍得如何，想到什么就拍什么，今天有什么收获或思考就拍什么。

更重要的是，我们要不停地给自己输入信息和知识，因为我们拍视频是在输出，如果我们不能持续地给自己输入信息和知识，我们就很难持续输出内容，很快就会被"榨干"。

我向大家推荐三种持续输入的方法。

（1）读书

脑子里没有东西的时候就要去读书，不一定非得看短视频相关的书，可以多看看房地产相关的专业书，也可以看看其他类型的书，包括销售、心理学、管理学方面的书。读完之后，哪怕你只记住了一句话，也算是输入了一个知识点。

（2）跟高手聊天

有人编了这样一段顺口溜："读万卷书不如行万里路，行万里路不如阅人无数，阅人无数不如高人指路。"

你遇到了很困难的事情，跟高手聊聊，他可能一句话就把你点醒了。

各种平台上有很多达人，跟他们交流就是跟高手聊天。多跟高手聊天，一定会有收获。如果你不知道该拍什么内容，就去他们账号的评论区看看他们的粉丝都在关注什么、问了哪些问题，这些问题可能就是很好的选题。

（3）把自己当作客户

如果你是一位客户，你现在要买房，你会想什么？比如，现在你有 200 万元，你打算在某个城市买房，你会怎么买？你会思考哪些问题？

你思考的问题就是真正的客户会思考的问题。因此，你去看一套房子的时候，要把自己当成客户，你想看哪些细节，你就拍什么细节，这样拍视频时就能做到以客户为导向。

在起步阶段，我们对自己的要求不要太高，先拍了再说，先实践，发现错了再调整。

多读书，找高人聊天，把自己当作客户，进行换位思考，看看能不能找到一些灵感，先不要过多地考虑质量，先把数量做起来，熟能生巧，做得多了水平自然就提高了。

2. 万能文案框架——金字塔表达法

所有口播视频的文案都是有框架的，并不是随便说的。

这里介绍一个万能文案框架,只要掌握了这个框架,写口播视频的文案就很轻松了。我自己做了超过 1000 条口播视频,大家可以看一下我的抖音账号"房产说理老米",我的口播视频基本上用的都是这个框架。

这个万能文案框架叫金字塔表达法:先说观点或结论,把想要讲的事情用一句话说清楚,再找三个论点,解释观点,这样整个视频的框架就出来了。

🏠 **案例 1**

在广州为什么不要碰"老旧小",原因有三个:

第一,"老旧小"转手率很低;

第二,"老旧小"配套设施不完善;

第三,"老旧小"居住起来不舒适。

大家在广州买房尽量不要碰"老旧小"。

🏠 **案例 2**

年底在广州该怎么买房?老米给大家三个建议。

第一个建议,一定要多看。年底放出来的房源相对较多,一定要多看,这样才能找到合适的。

第二个建议,年底买新房的话,一定要找靠谱的经纪人,让他帮你分析每个项目的情况,这样你才能掌握项目的最新信息。

第三个建议,年底买房要大胆地谈价格。在年底,不管是新房的开发商还是二手房的业主,都着急把房卖出去,而且年底的客户比较少。只要喜欢这套房,就可以大胆地谈价格,很有机会买到适合自己的、性价比高的房子。

大家觉得年底买房还要注意什么?欢迎在评论区留言。

这样表达是不是很完整？最后再加一句互动的话，就更完整了。

3. 以朋友人设写文案的三个方向

大家可以思考两个问题：现在抖音上缺拍房子的视频吗？缺输出观点的视频吗？

答案是都不缺。在抖音上关注房地产内容的用户缺的是一个真实的朋友，一个懂房地产并且能给他们带来价值的朋友。

以朋友为人设的账号应该拍什么内容？我总结了有九个字：亮肌肉，谈感受，交朋友。

（1）亮肌肉

你是干房地产中介的，你得亮一下自己的"肌肉"，给大家讲解在你这个城市应该怎么买房，按照不同的价位、不同的区域、不同的需求讲解。

当然，讲怎么卖房也可以。经纪人每天都接触很多业主，很多业主也会问："我家的房子能卖多少钱？"

你可以给大家讲讲某个小区的定位、户型、价格、适合人群等。如果要卖房，报多高的价格能快速卖掉？成交周期大概是多久？目标客户群体是哪些人？这就是亮肌肉。

（2）谈感受

谈感受就是谈谈你怎么看待目前的房地产市场。亮肌肉是从理性的角度看目前的市场，谈感受是从感性的角度谈你对市场的感受。

你通过跟一些客户、业主、同行接触，可以了解他们现在对市场有什么样的感受，你可以分享一些真实案例。

比如，你可以分享一下昨天跟一位业主聊天说了什么，今天有一位老客户跟自己聊天说了什么，今天看了一套房有什么感受，今天去踩了一个新盘有什么感受，今天带客户看房有什么感受。

（3）交朋友

我拍视频的时候，就把镜头当作朋友的脸，我没有想过我非要拍什么内容让用户喜欢我。我不需要思考这么多，我就做老米，我就是老米。我就是一个卖线下培训课的老师，我喜欢在抖音上每天跟大家分享一些关于房地产行业的观点和感受。

我用真心来跟各位交朋友，认同我的人自然会跟我产生互动，不认同我也没关系。

每一天我都会有自己的想法，我都可以跟用户倾诉，跟粉丝分享，镜头就是我最好的分享对象。

大家拍视频不要那么功利，不要总想着我今天拍什么内容才会有客户、怎么拍才会有更多的粉丝。你想那么多干什么？你的目的性那么强，生怕别人不知道你要卖东西给他们吗？

为什么不能心平气和地跟朋友聊天？让更多的人认识自己不好吗？当用户认识你了，信任你了，后面再谈别的是不是就容易多了？

如果你实在没信心，可以翻翻老米以前的视频。我前300条视频全都是很差劲的视频，播放量也就两三百次，我就是那么拍过来的。如果你想达到我现在这样的流利程度，也要先拍300条视频。别总想着一下子就拍得很好，口播是需要练习的。

4. 故事法

我的很多爆款视频都用了故事法。为什么故事这么吸引人呢？因为故事符合现在抖音用户的喜好，你总讲大道理，他们不喜欢听，你讲别人的故事，尤其是同类型客户买房子的故事，他们很喜欢听。

故事法就是你讲一个客户买房的故事，并通过这个故事总结这类客户买房的经验。故事法有几个好处：第一，显得你很专业；第二，显得你有客户；第三，显得你很真实。

这个方法可以提炼为下面这个公式：

故事法＝客户情况＋需求分析＋产品推荐＋卖点分析＋经验总结

（1）客户情况

讲解这位客户是怎么来的，是抖音客户还是转介绍的客户，客户的基本情况如何，包括客户是哪里人，家庭情况如何，有什么需求。

（2）需求分析

讲解客户有哪些需求，根据这些需求能在市场上找到什么样的产品。

（3）产品推荐

讲解你为客户推荐了哪些房子，他看完这些房子后有什么感受，这个过程越充满波折越显得有趣，越吸引人。

（4）卖点分析

讲解你为什么给客户推荐这些产品，这些产品的卖点是什么。

（5）经验总结

总结一下这类客户到底该怎么选房。

🏠 案例1：

跟了3年的客户今天终于买到合适的房子了，跟大家聊聊这位客户，很有意思

客户情况：昨天下午带一位客户看房，这位客户3年前就加了我的微信，老家在咸阳，西北大学研究生毕业，目前在西安六十五中当老师。

需求分析：他3年前跟我租过房子，3年过去了，他确定留在西安发展，打算把父母接到西安，准备买一套大三居的新房，好住下一家五口。他的要求是精装修新房、三室两厅两卫，靠近公园和菜市场。

产品推荐：今年一直带客户看房，看了不下30个新房项目，客户不是嫌贵，就是嫌地段不好。今天带客户看港务区金地玖峯悦的房子，客户终于看中了，首付60万元，月供6500元，就能上车港务区核心板块128平方米三

室两卫的新房。

经验总结： 买房买的是地段和配套，尤其是刚改型或改善型家庭，一定要买空间大一点的房子，最好是双卫，可以避免很多尴尬。价格方面还是要多对比，有合适的就可以考虑上车了。

结尾互动： 大家在西安买房有什么问题，可以随时给老米留言。

🏠 案例 2：
卫生间是改善型家庭最大的痛点

客户情况： 儿媳妇天天跟公公抢厕所，太尴尬了。这说的是我闺蜜，她生完二胎，他公公过来帮忙照顾孩子，全家现在住在一套老旧的三居室里，只有一个卫生间，每天早上特别尴尬。我早就劝她赶紧换房，她总是担心房价会降。我跟她讲，你买房是为了解决现在的问题，两个小孩，一个老人，一个卫生间肯定不行。前几天又是因为抢厕所，她实在受不了了，给我打电话，让我带她看房，要求是现房、大三居、两卫。预算是总价 200 万元左右。

行情分析： 西安主城区目前好地段的大面积新房均价在 23 000 元 / 平方米以上，总价 200 万元的三居两卫新房确实不多。

产品推荐： 我带她看了两个项目，一个是城西的雍锦里，总价 225 万元，135 平方米的三室两厅两卫，另一个是奥体板块的金地玖峯悦，总价 200 万元，128 平方米的三室两厅两卫。她看完后觉得金地玖峯悦性价比高一点。

经验总结： 买房买的是地段和配套，尤其是刚改型或改善型家庭，一定要买空间大一点的房子，最好是双卫，可以避免很多尴尬。价格方面还是要多对比，有合适的就可以考虑上车了。

结尾互动： 大家在西安买房有什么问题，可以随时给老米留言。

🏠 **案例 3：**

从看房到交定金不到 15 分钟，到底是什么房子

客户情况： 今天接待了一位粉丝，从看房到交定金只用了不到 15 分钟，就入手了一套天河车陂的二手房。这位客户的老家在梅州，去年刚从中大毕业，目前在珠江新城上班，想在广州买一套婚房。

需求分析： 首付的预算是 100 万元，要求是靠近珠江新城、装修新。客户看过美好居和骏景花园的很多二手房，觉得价格偏高，一直没找到合适的。

产品推荐： 昨天他刷到了老米的视频，对天健上城小区非常感兴趣，看到首付 100 万元左右就能买到车陂核心地段精装修两居，而且是成熟大盘，就心动了，今天一早就过来找我看房。客户看了房子非常喜欢，当场交了定金，晚上跟业主签了合同。

经验总结： 老米在广州做房地产中介也有 7 年了，帮助上百位客户在广州安家。我自己总结了一下，买房主要看需求，只要房子能满足需求，预算又合适，就可以考虑入手，尤其是二手房，买完就能安心入住。

结尾互动： 今天就跟大家分享到这里，下期视频再见。

---

5. 产品推荐法

产品推荐法就是你想推哪些房子，就先梳理这些房子的卖点，结合房子的卖点明确客户画像，根据客户画像虚拟一位客户，以这位客户的需求为出发点推荐产品。

这种方法可以提炼为以下公式：

产品推荐法 = 客户需求 + 行情分析 + 产品推荐 + 卖点分析 + 结尾互动

（1）客户需求

梳理你虚拟的这个客户的需求，包括预算、配套等，找到一个切入点。

（2）行情分析

针对需求梳理市场行情，让客户对市场有基本的了解。

（3）产品推荐

讲解你重点推荐的产品。

（4）卖点分析

讲解你推荐的产品的核心卖点，如地段、配套、小区环境、户型、性价比等。

（5）结尾互动

结尾处跟用户互动一下。

🏠 **案例1：**

在西安，改善型家庭，首付 60 万左右能买什么新房

客户需求： 现在西安的房地产市场已经没有秘密了，市场分化太严重了，好地段的好房子价格很稳定，但地段一般的就很难说了。昨天有一个在港务区工作的粉丝联系我，他的首付预算是 60 万元，想在港务区买一套大三居，要求是精装修新房、三室两厅两卫、靠近公园和菜市场。

行情分析： 港务区目前好地段的大面积新房均价在 20 000 元 / 平方米以上，首付 60 万元的三室两厅两卫新房选择不是很多。

产品推荐： 有一个项目值得关注，那就是位于奥体板块的金地玖峯悦，首付 60 万元左右，月供 6500 元左右就可以上车 128 平方米的三室两厅两卫新房。

卖点分析： 项目位于港务区核心地段，地铁 3 号线保税区站就在项目周边，交通便利。陆港小学、陆港中学环绕在项目周边，孩子上学方便。项目旁边就是奥体中轴公园和全运湖公园，周边生态环境出色，生活舒适。周边购物方便，紧邻万象城和砂之船奥莱，吃喝玩乐一条龙，可以满足日常生活需求。

结尾互动：在西安，60 万元的首付买大三居，你会选择哪里？欢迎在评论区讨论。

🏠 案例 2：

每月工资 12 000 元，在广州能买什么房子

粉丝需求：现在广州留人越来越难了，昨天有一位在黄埔区工作的老师给我发私信。他去年华师研究生毕业留在广州工作，现在每月工资是 12 000 元左右，家里能支持 30 万元作为首付。他想在广州买一套新房，将来当作婚房。

行情分析：说实话，这个预算在黄埔核心区域买新房，确实很难。目前黄埔区核心地段新房均价都在 35 000 元 / 平方米左右。首付 30 万元，月供 6000 元左右，我给他的建议是买新塘的新房，价格实惠，还靠近他们学校。

产品推荐：新塘核心地段有一个项目叫路劲星棠，总价 160 万元就可以买三室两厅两卫的准现房。

卖点分析：项目距离黄埔区只有一站地铁，地铁 13 号线沙村站就在项目旁边，交通便利。华师附小、新塘中学环绕在项目周边，孩子上学方便。项目处于新塘核心地段，配套齐全。周边购物方便，紧邻万达广场和合生汇，吃喝玩乐一条龙，可以满足日常生活需求。项目楼下就是荔枝山公园，居住环境舒适。

结尾互动：各位，你们在广州的工资是多少？都在看哪里的房子？欢迎在评论区留言。

🏠 案例 3：

苏州女孩适合买什么样的房子

粉丝需求：昨天我们一群同事在探讨一个问题，苏州女孩要不要买一套

自己的房子，有一个自己的专属小天地，万一跟男朋友或老公吵架了，有一个自己的地方。房子不需要很大，但一定要交通便利、配套齐全、安静舒适。价格不能很贵，首付最好是 10 万元左右。月供两三千元，自己住也行，出租也行。

行情分析：苏州有没有这样的产品呢？老米在苏州做了 8 年房地产中介，这类产品还真不多。

产品推荐：有一个项目值得关注，那就是位于吴江盛泽板块的丽格 M5 公寓，首付 15 万元左右，月供 2000 元左右可以上车紧临地铁站的 Loft。

卖点分析：项目位于吴江区盛泽板块核心地段，盛泽地处江苏、浙江和上海的交汇处。盛泽高铁站连接江浙和上海，丽格 M5 就在高铁站旁边，交通便利。这个项目是一个 4.5 万平方米的商业综合体，里面有天虹广场、洲际假日酒店等。盛泽中心农贸市场、盛泽中心广场环绕在项目周围，生活便利。首付 15 万元就能买到精装 Loft，无论自住还是投资，都非常合适。

结尾互动：各位苏州女孩，你们会不会给自己买一套这样的小房子？欢迎在评论区讨论。

---

6. 知识分享法

知识分享法就是让客户提出问题，你分析这个问题，给出答案，最后进行互动。这是用得比较多的一种方法，可以提炼为下面这个公式：

知识分享法 = 提出问题 + 分析原因 + 给出答案 + 结尾互动

🏠 案例 1：
首付比例降到两成，广州的房价会涨吗

提出问题：昨天有一位老粉发私信问我，广州的首付比例降到两成，房价会涨吗？

分析原因：我相信很多打算买房的朋友都有这个疑问，最近广州房地产

政策频出，不管是认房不认贷还是两成首付，都牵动着购房者的心。

给出答案：老米在广州做房地产中介 10 年了，见过了广州房地产市场的起起伏伏。我觉得这次政策调整的影响不会有想象中的那么大，因为现在不同往日，购房者越来越理性，市场信息也越来越透明。未来广州除了核心地段的房子有金融属性，其他房子还是以居住为主。至于买不买房，我个人觉得，有需求、预算充足的话，只要价格合适，就可以入手，现在是一个不错的时机。尤其是马上要结婚的、孩子上学的、打算生二胎的，肯定要早做打算。

结尾互动：大家觉得首付比例降到两成以后广州房价会涨吗？欢迎在评论区留言。

🏠 **案例 2：**
2023 年下半年到底要不要在西安买房

提出问题：昨天有一位老粉给我发私信，问我 2023 年下半年要不要在西安买房。

分析原因：我相信很多打算买房的朋友都有这个疑问，尤其是现在，大家对未来的信心不足。买房肯定要谨慎，毕竟上百万元的商品，牵扯到一个家庭未来的生活。

给出答案：8 月，我接待了 30 多组在西安买房的客户，我发现大部分客户都很着急，虽然现在新房很多，但真正优质的、高性价比的项目并不多，好的项目很快就卖掉了。

我觉得，如果有需求、预算充足，只要价格合适，就可以入手。尤其是马上要结婚的、孩子要上学的、打算生二胎的，肯定要早做打算。

结尾互动：大家觉得今年下半年要不要在西安买房？欢迎在评论区留言。

🏠 **案例 3：**

2023 年在合肥买新房好还是买二手房好

提出问题： 昨天有粉丝问我，在合肥买新房好还是买二手房好。

分析原因： 我相信很多打算买房的朋友都有这个疑问，新房和二手房各有利弊，房子毕竟是几十万元甚至上百万元的商品，牵扯到一个家庭未来的生活，选错了就会影响家庭和谐。

给出答案： 老米在合肥从事房地产中介行业有 9 年的时间了。我觉得，如果对居住品质要求高，最好选新房；如果对生活配套要求高，最好选择二手房。

其实，不管是新房还是二手房，一定要量力而行，在预算范围内，合理地解决居住需求就可以了。能上车就先上车，等有了能力再置换更好的房子。对大部分人来说，买房很难十全十美，更难做到一步到位。

结尾互动： 大家觉得 2023 年在合肥买新房好还是买二手房好？欢迎在评论区讨论。

| 第 33 讲 | **口播视频的拍摄**

很多人在线下见到我，都会跟我说："老米，不管听你的线下课还是线上课，我都觉得你说得很好，讲得很透彻，但是让我做，我还是不会做，也不知道该怎么下手。"

我一般会这样回答："不敢下手的原因是你怕犯错、怕做不好，你担心付出了没有结果、没有回报。现在这个行业已经'卷'到没得选了，你必须比别人更加努力，才有机会成功。注意，是有机会成功，并不是一定成功。"

要想继续留在这个行业，你只能比别人更加努力！

拍口播视频，怎么才能快速落地呢？很简单，你拍就行了！不要考虑这个事情能不能做成、能不能做好，先做了再说。

我天天倡导经纪人拍口播视频，很多经纪人说自己不会写文案。我建议不会写文案的经纪人先找 100 个房地产类账号，分析这些账号发布的视频，把视频文案整理出来，早期可以适当地模仿。注意，是模仿，不是抄袭。老手写文案都是有框架的，仿照别人的框架去写文案。

拍摄的时候，如果记不住文案，可以看着提词器念，也可以念一句拍一句，先拍了再说。不是看到结果了再去做，而是做了才能看到结果。

有人可能会觉得，老米是一不小心火了，但他们没有看到，我拍了超过 1000 条视频，平均每条视频 3 分钟。呈现给用户的是 3 分钟，我拍摄的初稿可能是十几分钟，某些视频可能拍了几十遍，才剪出来 3 分钟。

我是拍到第 400 多条视频才开始火的，前面 400 条视频没什么人看，我也放弃过好多次。为什么我的账号最终做起来了？因为跟我竞争的同行都放弃了，而我坚持了下来，我拿到了结果。

不要总是想怎么就能一下子做好，先去做，用最简单的方法做了再说，就算不行，至少尝试了，也知道问题所在，再去改进和调整也是来得及的。不要总是想那么多，想来想去都是问题，动手去做或许很快就能找到答案。

口播视频的拍摄有很多技巧，涉及镜头、开场、表达等，但这些技巧并不能随便使用，你要结合自身的定位、产品、客群的特点，慢慢地形成自己的风格。

我的口播视频也不是一成不变的，拍了 3 年，经过了 2 次迭代（见图 3-3）。

1.0 版本：讲课

"大家好，我是房产说理老米。"这是第一个版本，太生硬了，我对着镜头，只会对着提词器念稿子，不能自如地表达。这是一种讲课的思维方式，用户体验很差。

2.0 版本：分享

"大家好，我是房产说理老米，每天聊点房地产中介的事儿。"这时，我基本放松下来了，思维方式从讲课变成了分享，但表达还不够自如，语言有一点生硬，不够自然。

3.0 版本：表达

现在，基本上我想说什么就跟用户聊什么，粉丝在后台给我留言，问我什么问题，我就简单整理一下，跟大家分享。

图 3-3 老米口播视频的两次迭代

技巧一：场景技巧

场景技巧主要涉及三个方面，分别是背景、声音和感觉。

（1）背景（光线、整洁）

在室外的话，一定要保证光线好。怎么找光线呢？这里介绍一个非常好用的办法：拿着自拍杆转一圈，看哪个角度的光线好，这个角度就是最佳拍摄角度。

背景一定要干净整洁，一般室外优于室内，最好选择广场、公园、湖边、小区花园等场景（见图 3-4）。

图 3-4　口播视频的背景

（2）声音（清晰无杂音、用收声麦克风）

声音一定要清晰，在室外时一定要用收声麦克风，收声麦克风可以屏蔽杂音，让主播的声音更清晰。

（3）感觉（轻松、亲切）

拍口播视频要找跟朋友聊天的感觉。我拍口播视频时会把手机当成朋友的脸，拍出来的效果就很好。

大家要找到这种放松的感觉，不要把镜头当回事，不要总是想如果讲错了怎么办、姿势不好看怎么办，否则会越来越紧张。

你放松了，用户看这条视频的时候才会放松，这条视频基本就成功了。

技巧二：开场技巧

前面讲过，流量 = 内容 + 数据。

在众多数据里面，5 秒完播率和 2 秒跳出率非常关键，如何才能做好这两个数据呢？答案是做好开场！

开场前几秒非常重要，下面分享几个我认为很好用的方法。

（1）情绪法

开场直接表达情绪，比如：

- "唉，今天把我气坏了，这都是什么人啊！"
- "唉，我不想卖房了，太难了！"
- "唉，今天开单了，但我高兴不起来。"

（2）重点法

开场直接讲重点，比如：

- "这是我今年听到的最传奇的买房故事。"
- "跟了3年的客户，今天终于买房了！"
- "恭喜王姐，你赢了！我再也不用带您看房了！"

这里有一个小技巧，就是把最精彩的内容找出来，在剪辑的时候将这段内容复制一下，放到最前面作为开场。

（3）价值法

开场就向用户传递某些价值，比如：

- "在广州如何买新房，老米一个视频给你讲清楚！"
- "在广州新房和二手房怎么选，老米一个视频给你讲清楚！"

现在抖音上的房地产类账号太多了，竞争十分激烈，要想让自己的账号脱颖而出，就一定要做不一样的东西，尤其要把前5秒的内容做好。

（4）参与法

开场就把客户带入某种场景，让客户参与到你的内容中，比如：

- "你说今年下半年还能不能在广州买房？"
- "广州房贷利率降了，你们觉得今年要不要买房？"
- "你们觉得在广州月薪多少才能买房？"

技巧三：拍摄视角技巧

常见的拍摄视角有三种，分别是移动视角、固定视角和第三视角。

（1）移动视角

移动视角就是手持自拍杆，用手机的前置摄像头（自拍的摄像头）对准自己。我们整个人出现在镜头里，镜头与自己的距离大概是身高的一半，自拍杆放到正前面，千万不要把胳膊露出来（见图3-5）。

我们可以上下移动镜头，找到最舒服、最自然的角度进行拍摄。如果你想边走边拍，最好别走得太快，走得很快的话，镜头容易晃，而且影响讲话的思路。

视频画面刚好露出自己的上半身时，镜头与自己的距离就是最佳距离。人要处于视频画面正中间，上面留出10%～20%的空间用于展示标题，左右两边也要留出一定的空间（见图3-6）。

图 3-5　以移动视角进行拍摄　　　图 3-6　移动视角下的视频画面

（2）固定视角

如果拍摄视角是固定视角，你既可以站着，也可以坐着。

站着拍时，人最好离镜头一臂远，因为人与人之间比较舒适的社交距离大概就是一臂这么远，太近了不好看，太远了显得不真诚（见图3-7）。

坐着拍也差不多，人离镜头一臂远，整个人的上半身都要出现在视频画面里，这样看起来比较舒服（见图3-8）。

图 3-7 以固定视角进行拍摄　　图 3-8 固定视角下的视频画面

（3）第三视角

所谓第三视角，就是以别人的视角拍自己，最常用的是侧面的视角。一般把镜头放在人的左手边或右手边，镜头离人一臂远，对着人的侧脸拍摄（见图3-9）。

你可以让一个人站在你的对面，跟他聊天，也可以在你的对面放一个提词器或屏幕，边看边拍，但对面的人或器材不能进入视频画面（见图3-10）。

拍摄视角可以根据需要调整，你觉得哪个视角最舒服，就用哪个视角。

图 3-9 以第三视角进行拍摄 图 3-10 第三视角下的视频画面

技巧四：表现力技巧

这里介绍一个提升镜头前表现力的小技巧：对着镜头的时候，就像对着好朋友一样。你对着好朋友是怎么聊天的，对着镜头就怎么聊天。

拍视频之前，你可以先跟朋友聊天，把镜头放在你的侧面拍一段视频。拍完之后，你回放视频，慢慢地就能找到面对镜头的感觉。

要想全面地提升表现力，需要掌握下面几个技巧。

（1）找一个舒服的姿势

拍视频时，姿势非常重要，姿势越舒服，你的表现就越自然。

比如，如果你打算坐着拍视频，你就要找一个坐着非常舒适、非常放松的姿势，你讲话的时候就会很轻松。如果坐着的时候还要端着架子，你就会感到很累，用户看着也累。

站着也一样，你要找一个站着比较舒服的姿势跟大家讲话。

（2）带一点情绪

如果你觉得某件事很好笑，你讲的时候就面带微笑；如果你觉得某件事让你很愤怒，你的表情就要严肃一点。总之，你讲话的时候要有表情，不能从始到终都是一个表情，该笑就笑，该苦恼就苦恼，该一本正经就一本正经，尽量让自己的表情丰富一点。

（3）营造代入感

不管讲什么事情，都要把大家带进相应的场景，让大家产生代入感。比如，你可以一边说"今天给大家盘点一下广州年底捡漏的5个小区"，一边伸出5个手指，把用户的目光抓过来（见图3-11）。如果你只是说"今天给大家盘点广州捡漏的5个小区"，就会显得很平淡。

图3-11　肢体动作

除了肢体动作，多用"我们""咱们""你们"等代词，也可以增强代入感。比如，"你知道广州房价跳水的'五大天王'吗"，一个"你"字就把大家带进来了。

此外，眼神也非常重要。拍口播视频时一般用手机的前置摄像头，自己能看到自己的眼睛和表情，要尽量做到收放自如。

我之前镜头感也不好，我跟大家分享一下自己是怎么改进的。我连续一个月每天盯着手机的前置摄像头1小时，看着手机屏幕里自己的脸，说一段话，再笑一下，反复找感觉。慢慢地，我就找到了一个非常自然、非常舒服的状态。

大家也可以试试这个方法，练到自己盯着自己不觉得尴尬的时候，镜头感差不多就练出来了。

│第 34 讲│ **如何提升表达能力**

很多粉丝都会问我一个问题："老米，我看你表达很自如，不管是线上还是线下，能不能分享一些经验？"

语言表达其实涉及讲课、日常分享、口播等不同的场景，但核心技巧都是一样的，就是有效地、真诚地表达我们想表达的内容，让我们的思想能够跟用户产生连接。

如何才能提升表达能力？

老米总结了 12 个字——有效沟通、放下自我、寻找标杆。

这 12 个字是我从 2017 年转型做培训到现在一直在用的方法。

1. 有效沟通

所有的演讲，不管是在线上还是在线下，目的只有一个——有效沟通，也就是把信息有效地传递给目标用户。

要想实现有效沟通，只需要记住一条原则：少就是多。

不管讲什么内容，先做梳理，提炼出不超过三个点，能用两个点表达就不用三个点，能用一句话说清楚就不要说一段话。就像我在上面跟大家分享的，要想提升表达能力，记住 12 个字就可以了。

2. 放下自我

不管是对着镜头还是对着讲台下的观众，还是对着整个门店的同事，我们讲话时为什么会紧张？

因为我们怕自己表达不好，怕自己讲得不到位，怕别人笑话自己。其实，不管是哪种情况，我们的目的都是进行有效的沟通，怎样才能进行有效的沟通呢？

放下自我，把自己当作传播思想的工具。

在拍视频或讲课的时候，我会进入一种状态：我不是老米，也不是米广强，我就是一个想跟大家分享经验的人。

当放下自我时，你所有的思路都是利他的，别人能感受到你的真诚。不管你表达得好或不好，只要别人能感受到你的真诚，你就算成功了一半。

3. 寻找标杆

我们要想形成自己独有的讲话风格，必须先找一个标杆。

我有两个标杆，一个是讲考研的张雪峰老师，另一个是新东方的联合创始人王强老师。

我不断地模仿张老师和王老师的讲话思路及风格，我现在的表达方式受到了这两位老师的深刻影响。我会拆解这两位老师的讲话视频，他们说一句，我就模仿一句。

模仿得多了，自然就会有他们的影子。模仿到一定程度后，我尝试融入自己的一些元素，慢慢地就形成了独一无二的风格。

| 第 35 讲 | 探盘视频的价值

很多经纪人觉得拍房子就是探盘，但房子哪里都有，谁都可以拍，为什么有的探盘视频流量特别大，有的探盘视频却没什么流量？

探盘的核心不是盘，而是探！关键在于是否探出了差异性、探出了价值。

1. 探盘视频的价值

探盘视频有以下三大价值。

（1）更加直观地展示产品

前面提到过，客户买房需要两类信息，一类是市场信息，另一类是产品信息。

探盘视频最大的价值就是让用户可以直观地线上看房，这类视频比传统的图文广告、前沿的虚拟现实（VR）看房有显著的优势。地段、配套、小区环境、房子功能、居住体验甚至窗外景观等，都可以全面地展现出来。

看一段高质量的探盘视频，相当于亲自去现场看房。

（2）展示人设的专业度

每个经纪人都觉得自己很专业，但从客户的角度来说，经纪人的专业度是通过讲解房子展示出来的。

我认为，探盘相当于线下带看，线下带看时提供什么服务，探盘时就展示什么服务。我们在线下带看的时候，一般会先介绍这个小区（项目）处于什么区的什么地段，这个地段有什么样的优势，发展趋势如何；然后介绍商圈和配套，包括交通、教育、医疗、商业、生活配套等；接着进入小区，开始介绍小区环境、风格、设施、绿化、布局、物业等；最后进入房子，开始介绍房子的户型、朝向、装修、房间、业主情况等。如果客户提出问题，我们会立即答疑。

按照上面介绍的流程做线下带看，客户肯定觉得你很专业。相反，如果你只是拿着钥匙直接带客户进房子里面看，什么也不说，客户肯定觉得你很不专业。

探盘就是把上面的流程在线上展示出来，让客户通过手机屏幕就能感受到我们的专业度。

（3）直接获客

探盘视频非常直接，如果客户喜欢，就会有人咨询。但是，不是什么样的探盘视频都能吸引来新客户。

能高效获客的探盘视频一般具有以下三个特点。

（1）真人出镜

真人出镜可以直观地展示你的形象，让客户感受到你的真诚。

不真人出镜就很难让客户记住你，如果客户记不住你，就算咨询了你，

"跳单"的可能性也很高。

真人出镜效果更直观,拍摄的时候把镜头(摄影师)当作客户,尽可能找到带看的感觉,这样拍出来的探盘视频一般都很吸引人。

(2)参与感

参与感就是让用户参与到你的探盘视频中。

为什么很多探盘视频没什么流量,因为别人一看你的视频跟他们没什么关系,就直接划走了。

很多探盘视频一上来就说今天给大家看某某小区,假设我正好刷到这条视频,但我不想了解这个小区,这条视频就跟我没有关系,我就直接划走了。

如果换一个思路,让用户参与进来,效果就会很不一样。

比如,你开场时可以这样说:"我们判断一套房子好不好,要看这三个方面……大家一起跟我看看这套房子行不行?"这样说,是不是就把用户拉进来了?

"大家一起跟我看看这套房子行不行"能让用户产生参与感,使他们有兴趣继续往下看视频,看看这套房子到底行不行。

要想让用户参与到探盘视频中,就要给客户一个理由,比如:

- 总价9万元就能买到的房子,大家见过吗?一起看看这套房子9万元值不值!
- 让你花200万元买一套这样的房子,你愿意吗?

开场的时候,最好直接跟用户对话,吸引用户继续往下看,他们看得越久,视频的数据就越好,流量就越多,获客的机会就越多。

(3)接地气

接地气,就是以朋友的身份去拍探盘视频。没必要把心思用在花里胡哨的拍摄技巧上,只要真诚地把用户当作朋友就够了。也就是说,把拍探盘视频的过程当成带自己的朋友看房的过程。

我们经常会遇到一种情况：客户没时间看房，让你去拍视频。我们一般会走到小区门口，掏出手机边拍边说："王姐，我到这个小区了。给您看一下，小区门口就是 ×× 公交站，对面就是 ×× 小学，后面是菜市场和公园，生活非常方便。王姐，给您再看一下小区环境，整体是园林风格，有 1 万平方米的实景园林，非常好看。王姐，我到房子里面了，这套房子的面积是 98 平方米，两室两厅两卫，南北通透，两间卧室还有客厅阳台都是南向的，从窗户可以看到花园。我给您看看阳台窗外的风景……"

这段话术是不是似曾相识？这样拍探盘视频才接地气，这样的探盘视频才是客户想看的，才更容易吸引新客户。

2. 探盘视频的变现

探盘视频的变现模式有很多种。

现在大家看到的探盘视频，有的是服务于开发商的，有的是服务于同行的，当然更多的是服务于客户的。

（1）服务于开发商的探盘视频

这类探盘视频背后的运营者往往是专业媒体出身，专门给开发商做推广，视频拍得非常出色。服务于开发商的探盘视频，无论脚本设计、镜头运用、主播表达还是剪辑，都非常专业，但很难吸引新客户，因为这种视频的服务对象是开发商。

2021 年是这类账号最火的时候，头部账号拍一条视频，播放量轻轻松松就可以破百万。价格是几万元一条，我见过最夸张的按文案字数付费，一个字 100 元。一条时长为 3 分钟的探盘视频，文案至少上千字，收入非常可观。

2022 年以后，同类账号越来越多，价格也从之前的几万元一条降到几千元一条，甚至几百元一条。

目前，这类账号变现越来越难了。一方面，经纪人都开始做抖音了，开发商找免费的合作方越来越容易，普通的经纪人也可以拍，哪怕效果差一点，但架不住人多。2023 年我至少给 20 个新房项目做过抖音方面的培训，开发商会联系几百名经纪人过来参加培训，培训当场经纪人就可以拍这个项目。几百个账号同时拍一个项目，产生的流量还是很可观的。而且，在这种模式下开发商付出的成本可以降低很多。另一方面，用户都审美疲劳了。这种很大气、炫酷的探盘视频，用户看多了，自然就没有新鲜感了。

（2）服务于同行（经纪人）的探盘视频

很多探盘视频的目标不是卖房，而是卖课，也就是把拍摄方法和技巧整理成线上课，向经纪人售卖。

这种探盘型IP，大部分是从服务于开发商的IP转型过来的。相关账号主要以卖课、陪跑、帮房地产公司孵化主播为主要的变现模式。

（3）服务于客户（买卖双方）的探盘视频

大部分探盘视频都是服务于客户的。有的是收拍摄费用，帮业主拍一条探盘视频收一些服务费，成交之后另收佣金；有的是免费拍摄，成交再收佣金；有的是签了独家委托（卖方单边代理）协议后才帮业主拍探盘视频，拍完之后发给同行，让同行帮忙找客户，也就是作为房源供应方跟同行合作。

| 第36讲 | 探盘视频的类型

探盘视频比口播视频更直观、呈现形式更丰富，常见的探盘视频有四类，分别是故事类、测评类、打卡日记类、房东合拍类。

1. 故事类

简单来说，故事类探盘视频就是先讲客户的故事，结合客户的需求，带大家一起看房。

故事类探盘视频的优点是轻松、接地气、代入感强，销售的味道不太重，容易留住用户。

拍故事类探盘视频有三个步骤。第一步，找出房子的卖点，结合卖点写文案；第二步，针对房子的卖点明确客户画像；第三步，针对客户画像，讲一个真实的带看案例，如果没有带客户看过这套房子，可以虚拟一位客户，设计一个常见的情节。

比如，今天要拍一套房子，这套房子的面积很大，有 140 平方米，户型是四室两厅两卫。第一步，找出房子的卖点，卖点当然是面积大、空间大、居住舒适。这种大面积的房子更适合改善型客户。两个卫生间、四间卧室的户型很适合有老人、有孩子的家庭。第二步，明确客户画像，这种房子的客户画像是孩子较多或跟老人一起生活的家庭。第三步，虚拟一位客户，可以说："昨天有一位客户给老米发私信，问我能不能帮他找一套大房子，他家里有两个老人、三个孩子，家里一共七口人。今天咱们就看一套适合七口之家的房子。"这样说，是不是就能让用户产生很强的代入感？

再比如，我要拍一套比较新、比较时尚的、适合做婚房的房子，就可以说："在广州，年轻人应该如何选择婚房？今天带大家看一套我认为比较适合作为婚房的房子。"

如果你想把内容做得更丰富一点，可以这样说："在咱们这个城市，婚房应该怎么选？我认为婚房应该满足三个条件。第一个条件是比较新，最好是次新房，或者是没有人住过的毛坯房。第二个条件是周边配套比较齐全，包括商业、教育、生活、交通等配套，能满足年轻人的工作和生活需求，还能满足未来孩子的教育需求。第三个条件是价格要合适，因为小两口刚结婚，没什么积蓄，首付和还款压力不能太大。最近我正在帮一位客户找婚房，今天正好过来看一套这样的房子，就在那里，我带大家看一下。"

这样表达可以增加视频的平均播放时长。如果你上来就拍房子，很多用户看七八秒就划走了，但如果你做了铺垫，讲了一个故事，又是客户买房确实会遇到的情况，就会有更多的用户耐心地听你讲完，顺便看看你拍的房子。通过前面的铺垫和描述，让客户对这套房产生兴趣，后面再拍这套房，用户才会有更丰富的感受。

🏠 **案例 1**

你说丈母娘跟女婿抢厕所是不是很尴尬？我表哥就正在经历这样的尴尬。他们家特别有意思。我表哥去年生了二胎，他丈母娘过来帮忙照顾孩子。老大是女孩，现在又生了一个男孩，他们一大家子住在惠山区一套三室两厅一卫的老房子里，只有一个卫生间。

她丈母娘肠胃不好，天天早上起来就上厕所，表哥也喜欢早上蹲厕所，再加上两个小孩也要上厕所，每天早上一家人为抢厕所没少吵架，非常尴尬。

我之前跟他说，你早就该换房子了，一个卫生间肯定是不行的。

他总担心现在买了房子会降价，我跟他说："你先解决卫生间的问题吧，你这多难受啊！"

好说歹说，上周他终于出来看房了。他现在住的这套房子大概能卖 180 万元，他们手上还有七八十万元的存款，总价的预算是两百五六十万元。

他的要求很简单：四室两厅，最好在市中心，周边学校要好一点。

我帮他找了两个项目，一个在惠山区，还有一个在锡山区。两个项目看完之后，他可能更喜欢后面这个项目，因为这个项目有 118 平方米、四室两厅两卫的户型，性价比高一点。

今天我过来帮他交首付，顺便给大家看看这套房子。

🏠 **案例 2**

3 年前，我帮一位租客租过房子，这位租客很厉害，是咱们无锡江南大学的博士生，现在留在无锡学院当老师。他 3 年前刚毕业，当时没什么钱，跟我租房。今年"十一"假期时他跟我联系，说他现在工作已经稳定了，想把老家的父母、老婆和孩子接到无锡这边来。他想在无锡买一套面积大一点的房子，最好在锡山区，而且最好是准现房，大三居或四居都可以。预算是首付 80 万元左右，月供 1 万元左右他都能接受。

从这个月开始，我带他看房，整个 10 月份带他看了十几个项目，最终他还是希望买这个项目，今天带他来交首付，顺便给大家看看这套房子。

这是两条故事类探盘视频的开场，大家可以仿照它们的框架写文案。

故事类探盘视频对拍摄的要求没那么高，因为前面的故事和铺垫已经把房子的卖点及适合人群梳理了一遍。

拍房子的时候，只要把周边配套、小区环境、户型布局展示清楚就可以了。

2. 评测类

评测类探盘视频是探盘视频里面最考验专业能力的类型，必须提前写脚本。

我们要从地段、配套、小区环境、房子优点与缺点、适合人群等维度做综合测评。

拍评测类探盘视频有五个步骤。

第一步：开场引出房子的核心卖点

引出房子卖点，激发客户的好奇心，给客户一个继续看下去的理由。

在××市（区）住在一楼带花园的小区是一种什么体验？今天咱就实地测评一下

给大家看看，我自己在××市（区）买到的房子

在××市帮闺蜜看了一套房，总价100万元，大家看看值不值

在××市帮业主卖房，大家看看这套房值多少钱

××市××小区值得买吗？一期视频给大家讲清楚

××市80平方米的三居室长啥样？一起看一下

××市适合做婚房的房子长啥样？一起看看

第二步：讲解地段和配套

介绍地段，包括位于哪里、定位等，每个场景拍一下核心位置。

介绍配套情况，包括交通、商业、医疗、教育配套等，每个场景拍一下

核心位置。

🏠 案例1

小区位于武夷花园核心板块，是 2011 年建成的高层住宅小区。小区靠近6 号线北运河西地铁站，出行时无论坐地铁还是自驾，都非常方便。小区周边教育资源丰富，幼儿园、小学、初中环绕在小区附近，孩子上学方便。距小区 1 千米左右就是华联武夷购物中心，一家人日常吃喝玩乐全都能满足。

🏠 案例2

项目位于港务区核心地段，地铁 3 号线保税区站就在项目周边，交通便利。陆港小学、陆港中学环绕在项目周边，孩子上学方便。项目旁边就是奥体中轴公园和全运湖公园，周边生态环境出色，生活舒适。周边购物方便，紧邻万象城和砂之船奥莱，吃喝玩乐一条龙，可以满足日常生活需求。

🏠 案例3

项目位于吴江区盛泽板块核心地段，盛泽地处江苏、浙江和上海的交汇处，盛泽高铁站连接江浙和上海。丽格 M5 就在高铁站旁边，交通便利。项目是一个 4.5 万平方米的商业综合体，里面有天虹广场、洲际假日酒店等，盛泽中心农贸市场、盛泽中心广场环绕在项目周围，生活便利。首付 15 万元就能买到精装 Loft，无论自住还是投资，都非常合适。

第三步：讲解小区环境

介绍小区风格，每个场景拍一下核心位置。

介绍小区场景，如绿化、会所、运动设施等，每个场景拍一下核心位置。

🏠 案例 1

项目内部园林以"天空岛"为主题,景观丰富,绿化率超过 35%,有花园、泳池、广场、运动场等设施,方便业主活动,环境非常不错。

🏠 案例 2

这个小区最大的特点是容积率极低,只有 1.6,豪宅标准。

整个小区是园林风格,有各种园林景观,应接不暇。泳池、广场、运动场等设施齐全,方便业主活动。

走在小区里,有一种逛园林的感觉,惬意、舒适。

🏠 案例 3

这个小区绿化率达到了 36%,是一个中式大盘,整个小区简洁大方。

小区里面有公园、儿童游乐设施和健身设施,整体环境非常不错。

小区有 40 栋楼,户型以三居室和四居室为主,今天看的是 10 楼边户的一套 126 平方米的四居室。

小区均价为 8800 元 / 平方米,今天看的这套房单价不到 8300 元 / 平方米,性价比高,装修也不错。

咱们现在上去看看这套房。

第四步:讲解房子

介绍户型格局,包括面积、户型、特点等,主播要出镜。

介绍房间,如客厅、厨房、主卧、次卧、阳台等,每个场景拍一下核心位置。

总结优点与缺点,主播要出镜。

🏠 案例 1

今天看的这套房面积是 118 平方米,四室两厅两卫,户型方正,南北通透,私密性好。

118 平方米做到四室两厅两卫,在东亭板块屈指可数,有一定的稀缺性。

优点:户型舒适、准现房、豪宅标准。

缺点:商业配套还在完善。

🏠 案例 2

今天看的这套房面积是 89 平方米,南北通透大两居,户型方正,私密性好。

优点:户型舒适、楼层好、装修新。

缺点:小区停车位不足。部分楼栋临街,晚上可能有噪声。

🏠 案例 3

今天看的这套房面积是 92 平方米,南向大三居,双卫生间,户型方正,装修好,房东去年装修好,还没住过,即买即入住。

优点:三室两卫,刚装修好,省去了装修费用,将来孩子上学方便,核心地段,生活便捷,保值性好,流通性高。

缺点:单价相对较高。

第五步:结尾互动

适合人群:讲解这套房适合哪些人群。

结尾互动:在结尾处引发互动。

🏠 **案例 1**

这个小区更适合刚需型客户，无论刚结婚的小两口还是小孩需要上学的刚改型家庭，都可以考虑。未来置换的话，也很容易出手。

这样的房子你们喜欢吗？欢迎在评论区讨论。

🏠 **案例 2**

这个小区适合有小孩要上学的刚改型家庭，改善型家庭也可以考虑。

如果是你，你会买这套房吗？欢迎在评论区讨论。

🏠 **案例 3**

这个项目更适合目前正在租房的年轻人，或者打算自己创业的人群。无论自住、出租还是开工作室，都能轻松实现。

大家想看什么样的房子，欢迎随时联系老米。

---

3. 打卡日记类

打卡日记类探盘视频有点类似于视频日记，记录的是自己每天看房的过程。打卡日记类探盘视频是最适合一个人拍的探盘视频，整个过程可以由一个人完成。

拍摄这类视频时要遵守固定的步骤，文案要有统一的格式，拍摄的框架和节奏基本一致。

拍打卡日记类探盘视频有五个步骤。

第一步：开场（真人出镜，自拍）

开场形式统一、话术统一。

🏠 **案例 1**

老米的看房日记第 1 天

老米的看房日记第 2 天

老米的看房日记第 3 天

……

🏠 **案例 2**

打卡广州 100 套刚需小房子，第 1 套

打卡广州 100 套刚需小房子，第 2 套

打卡广州 100 套刚需小房子，第 3 套

……

第二步：拍小区（项目）外景（人可以不出镜，用后置摄像头拍摄）

小区外景包括周边配套，如交通、学校、商业、公园、生活配套的标志性建筑物或设施等，时间不宜太长，每个场景拍 5 秒左右就行了，边拍边解说。

第三步：拍小区（项目）内景（人可以不出镜，用后置摄像头拍摄）

小区内景包括园林、运动设施、底商等，时间不宜太长，每个场景拍 5 秒左右就行，边拍边解说。

第四步：拍房子（人可以不出镜，用后置摄像头拍摄）

按客厅、阳台、主卧，次卧、厨卫的顺序拍摄，每一个地方只用一组镜头就行了，时间大概在 5 秒左右即可，边拍边解说，别拍得太长或太短。

第五步：结尾互动（真人出镜，自拍）

结尾处要总结一下，讲讲这套房的优点与缺点，以及适合人群。

4. 房东合拍类

房东合拍类探盘是目前流量较高、转化率较高的一类视频，但这类视频的变现模式不同，拍摄的方法、方向、技巧也不同。

房东合拍类探盘视频主要有三种变现模式，分别是付费拍摄模式、独家代理模式和竞拍模式。

（1）付费拍摄模式

付费拍摄模式就是业主付费，你拍房子，吸引过来的客户让业主自己对接，最终帮房东代办一些手续。

这种探盘视频拍起来比较简单，跟业主聊聊这套房的卖点，问问大概多少钱就可以了。你通过账号的自然流量帮业主引流，让客户直接跟业主对接。

（2）独家代理模式

独家代理模式就是你拿了房子的独家委托，然后依靠账号的影响力给业主拍引流视频。你在视频里可以跟业主砍价或聊天，目的是让所有对这套房感兴趣的客户或同行跟你联系。这套房必须是独家委托的，否则无法避免"跳单"现象。

这种探盘视频拍起来也不复杂，直接跟房东一问一答说卖点，或者跟房东象征性地谈一下价格，最终给出一口价，引导意向客户找你就行了。

（3）竞拍模式

竞拍模式就是让业主在视频里边先报一个底价，比如 125 万元，先把价格砍到 120 万元，让大家觉得这套房很便宜，吸引一些人找你看房。当多位客户表示对这套房感兴趣并看完房后，就可以开始竞拍，最终的成交价很有可能突破最初的底价。

|第37讲| 探盘视频的制作

1. 脚本拆解（以评测脚本为例）

对普通经纪人来说，探盘视频的脚本不需要很复杂，把地点、镜头和文案这三个要素填写完整，基本框架就出来了。当然，不同的房子要有不同的侧重点。

表 3-1 是一个新房评测脚本，供大家参考。

表 3-1　新房评测脚本

地点	镜头	文案
项目周边地标	地标 + 主播	××市房地产市场现在没什么秘密了，刚需族在等降价，改善族在等产品。昨天有一位在光谷上班的朋友让我帮他找一套房子，要求是光谷周边的新房，三室两卫，首付在 100 万元左右。说实话，现在改善型产品真的不多，找了半天，我觉得这个项目还不错，给大家看一下
项目核心配套	核心配套 + 主播（或人不出镜，镜头扫过）	（1）地段：位于哪里、定位（每个场景 3～5 秒，扫过核心位置） （2）配套：交通、商业、医疗、教育等（每个场景 3～5 秒，扫过核心位置）
小区标志场景	小区美景 + 主播（或人不出镜，镜头扫过）	（1）小区风格（3～5 秒，扫过核心位置） （2）小区场景：小区绿化、会所、设施等（每个场景 3～5 秒，扫过核心位置）
样板间	房子 + 主播（或人不出镜，镜头扫过）	（1）户型格局：面积、户型、特点等 （2）房子场景：客厅、厨房、主卧、次卧、阳台等（每个场景 3～5 秒，扫过核心位置） （3）优点与缺点总结：优点是户型好、准现房、豪宅标准，缺点是商业配套有待完善
小区标志场景	小区美景 + 主播	参考文案：这个小区适合有小孩要上学的刚改型家庭，改善型家庭也可以考虑。 结尾互动：这样的房子你们喜欢吗？欢迎在评论区讨论

2. 脚本案例

🏠 **案例**1

主题：在青岛每月工资 8000 元，住在依山傍海的生态园旁是一种什么感受

开场白：都说咱青岛的年轻人太"卷"了，老米在青岛生活了 8 年，见证了青岛的快速发展。现在，青岛的很多年轻人都想开了，有一份稳定的收入，过自己想过的生活才是最重要的。老米年过 30 岁了，每月工资 8000 元，今年刚买房，买在了青岛西海岸依山傍海的生态园旁边，给大家看看我买的房子。

地段配套：我买的这套房位于西海岸生态观光园北侧，开发商是知名房企大都，物业公司是绿城，双品牌加持，质量有保障。项目距离地铁 6 号线星海滩路站约 2 千米。周边是新城吾悦广场、德泰利群等西海岸核心商圈，走路 5 分钟就能到达繁华商圈。一路之隔就是 3A 级景区——西海岸生态观光园，项目周边有兰东幼儿园、三小分校和六中分校。地段配套方面，老米给它打 8 分。

小区环境：项目住宅共有 888 户，是一个中型社区，绿化率是 30%，容积率只有 1.9。原生态的景观，最大楼间距约 62 米，15～17 层小高层，同等面积套内使用空间更大，居住舒适度高。小区内人车分流，从根本上保障了居住安全。小区环境方面，老米给它打 8 分。

产品：今天看的这套房的面积是 89 平方米，3 室 2 厅 1 卫，户型方正，南北通透，全明设计，南向景观阳台，客餐厅一起，舒适便捷。首付 23 万元可以上车 89 平方米标准三居室。产品方面，老米给它打 9 分。

优缺点：优点是生活环境好，依山傍海，旁边有艺术街区，文化气息好；总价低，配套齐全，绿城物业；首付 23 万元左右就能上车三居室。缺点是附近未开通地铁，商业配套有待完善。

整体评价：整体评测下来，老米给它打 8.3 分。

适合人群： 手里预算不多，对生活和教育配套要求高的客户可以考虑这个项目。

结尾互动： 大家觉得这个项目怎么样？欢迎在评论区讨论。

🏠 案例 2

主题： 昨天有粉丝说，这个项目是西安改善族的必选，咱今天就实地评测一下。

开场白： 昨天有粉丝说大明宫紫檀府是西安改善族的必选，咱们今天就实地评测一下，看看它配不配得上"必选"这个称号！

地段配套： 大明宫紫檀府位于城北玄武路与马旗寨路交汇处，由世纪金源打造，重点打造"不出城而入山林之趣"的居住体验，项目位于大明宫商圈，周边 1.5 千米范围内汇集了万达、四海唐人街、百寰国际，商业配套齐全，周边教育、医疗资源齐全，非常适合改善型家庭。地段配套方面，老米给它打 9.5 分。

小区环境： 小区属于园林景观风格，楼间距上百米，容积率只有 1.5，居住起来非常舒适。在小区环境方面，老米给它打 9 分。

产品： 紫檀府项目以大平层为主，今天看的这套房是大明宫紫檀府的经典户型，面积有 193 平方米，4 室 2 厅 3 卫，户型好，布局方正，南北通透，私密性强，景观阳台，均价 2 万元，在城区改善大盘里面算是洼地，总价 350 万元左右就可以上车大明宫商圈品质豪宅。产品方面，老米给它打 9 分。

优缺点： 优点是世纪金源出品，质量有保证，小区配套丰富，孩子上学省心，临近医院、公园。缺点是地块小，绿化率低一些，跟其他改善盘比略微逊色。

整体评价： 整体评测下来，老米给它打 9 分。

适合人群： 预算充足，想在市区生活的改善型家庭可以重点考虑大明宫紫檀府。

结尾互动： 大家觉得这套房怎么样？欢迎在评论区讨论。

🏠 案例 3

主题： 太原年轻人喜欢什么样的婚房？今天咱们一起看一套首付 20 万元就能买到的婚房。

开场白： 太原的年轻人结婚买什么样的房子？今天就带大家实地评测一下这套适合做婚房的房子，首付只要 20 万元就能拥有。走，看房去！

地段配套： 这个小区位于许坦东街板块，楼下就是童欣幼儿园，1 千米外是南坪头小学和知达常青藤中学，小区周边教育资源丰富。小区周边生活配套齐全，能满足正常生活需求。

小区环境： 小区最大的特点就是居住环境舒适，容积率为 2.2，接近豪宅标准，小区内建有凉亭和人工湖。居住起来非常舒适，小区内有专属车库，停车很方便。

房间： 今天看的这套房，首付 25 万元，102 平方米，南向三居室，户型方正，房东去年装修好的，还没住过，即买即入住。

优缺点： 优点是小区比较新，刚装修好，准新房，省去了装修费用，将来孩子上学方便，核心地段，生活便捷，保值性好，流通性高。缺点是小区附近目前没有通地铁，有车会比较方便。

适合人群： 这个小区更适合刚需群体，无论刚结婚的小两口还是小孩需要上学的刚改型家庭，都可以考虑。

结尾互动： 这样的房子你们喜欢吗？欢迎在评论区讨论。

|第38讲| 房地产 IP 做直播的意义

1. 直播可以拉近 IP 与粉丝之间的距离

为什么要做直播？

很多经纪人觉得做直播就是为了获客。我不这么认为，我觉得直播更大的价值是拉近 IP 与粉丝之间的距离。

就像谈恋爱一样，先发文字消息，再语音通话，最后视频聊天，总有一个彼此了解、彼此信任的过程。

房地产 IP 做直播也是同样的道理。很多用户只是偶尔刷到过某个 IP 的视频，谈不上喜欢，因为视频能够呈现的内容是有限的，尤其是口播视频，一条视频可能只输出了一个观点。而直播给了用户一个面对面跟主播交流的平台，哪怕是路人，也可以进入直播间参与互动，了解市场行情，获取买房知识。

视频是可以包装的，因为拍视频时可以看提词器，拍完了还可以剪辑。但直播不一样，直播要求主播真枪实弹地展示自己的能力和水平，尤其是回答粉丝问题这个环节，有的问题真的很复杂，主播必须在短时间内做出反应。

直播是一把双刃剑，答疑做得好，就会有很多人"路转粉"；相反，如果表现不好，说错了话或暴露了自己的某些弱点，就会大量"掉粉"。

如果想打造一个成功的房地产 IP，直播当然是必修课。不管做直播能不能获客，都要先拉近 IP 与粉丝之间的距离。坚持做直播，一年只要能培养出几十个优质的高黏性铁粉就够了。

2. 直播可以直接获客

观看直播的用户，大部分是来看热闹的，他们的作用主要是烘托直播间的氛围，持续留在直播间里给主播捧场，帮助直播间把数据做起来。

数据做起来了，直播间自然就能获得更多的算法流量，算法会把直播间推给那些可能有相关需求的用户。

这些用户里面一定有着急买房的客户，只要主播的话题符合客户的需求，客户大概率会主动向主播咨询。当然，主播也可以适当地"下钩子"，让客户主动留下自己的联系方式。

直播间获客一般是批量的，至于客户的精准度如何，就要看主播的人设了。

|第39讲| 房地产直播资质及注意事项

1. 房地产直播资质

（1）蓝 V 认证

个人号也可以开直播，但涉及房地产的内容不能讲太多，否则很容易被封。

要想做房地产直播，必须做蓝 V 认证。做蓝 V 认证需要在抖音后台上传营业执照，当然，必须是房地产相关企业的营业执照。

（2）小风车

做完蓝 V 认证之后还要开通小风车，小风车是蓝 V 号的特权之一，大家按照后台提示操作即可。

（3）房地产资质备案证书

每个城市的房地产资质备案证书办理要求不一样，办理时可以询问当地的房管部门。下面以广州为例进行说明。

房地产中介服务机构备案证书办理条件：

- 依法取得营业执照，有自己的名称和组织机构；

- 有不少于 15 平方米的固定服务场所；
- 有必要的财产和经费，注册资金不少于 30 万元，仅从事咨询业务的，注册资金不少于 10 万元；
- 有 3 名以上（含 3 名）持有房地产中介服务相应职业资格证书的人员，其中从事房地产经纪业务的，还应有 1 名持有《中华人民共和国房地产经纪人执业资格证书》的人员；
- 有完善的规章制度和操作流程；
- 法律、法规规定的其他条件。

房地产中介服务机构备案证书办理材料：

- 房地产经纪机构及其分支机构设立备案申请表；
- 营业执照（总机构、分机构）；
- 房地产服务机构备案回执（总机构、分机构）；
- 房地产中介服务人员职业水平证书资料；
- 房地产经纪人职业资格证书资料；
- 从业人员劳动合同（不少于 3 人）；
- 资金证明；
- 店铺租赁合同或房产权证资料；
- 法定代表人身份证明资料；
- 法律、法规规定的其他材料。

房地产中介服务机构备案证书办理流程如下。

- 申请：申请人把资料准备齐全后，向当地住房和城乡建设局提交申请。
- 受理：主管部门对提交的申报材料进行核对、登记，做出受理或不予受理决定。
- 审查：受理后，主管部门对申报单位及材料进行审查，做出通过或不予通过决定。
- 颁证：审查通过后，主管部门对符合规定的单位准予许可并颁发备案证书。

房地产中介服务机构备案证书办理时长及费用：自行准备材料办理，流程顺利一般需要 60 ～ 90 个工作日；如委托中介代办，一般只需 15 ～ 30 个工作日，费用为 5000 元左右。

2. 房地产直播雷区

房地产直播有很多雷区，如果经常踏入雷区，就会导致直播间被警告甚至断播，严重的甚至会导致账号被封，因此在设计直播内容时要注意规避雷区，多讲购房技巧、案例，多解读楼盘，这类内容相对安全。

房地产直播雷区主要有以下几类。

（1）讲解优惠

情况解读：在直播过程中，画面中出现了楼盘价格、折扣，或者主播对房价进行过度解读。

违禁提示：直播内容涉及广告或营销。

案例："各位老铁，今天直播间订 ×× 楼盘就可以享受 8 折优惠，直接帮你省下 10 万元……"

（2）预测房价走势和政策走向

情况解读：在直播过程中，主播主观预测房价走势、未来政策走向，但没有任何证据支持，会被平台警告或封禁。

违禁提示：违反法律法规政策或直播行为规范等平台规则。

案例："各位老铁，未来广州 ×× 板块将会成为核心地段，这个板块周边房价一定会涨，同时政府还会在旁边建一个创业园区……"

（3）学位学区

情况解读：在直播过程中，主播讲解了学区房、学位房，会被断播。

违禁提示：违反法律法规政策或直播行为规范等平台规则。

案例："各位老铁，给大家讲讲广州海珠区的学区房，广州最好的学位在越秀区，其次是海珠区，海珠区的学位分布在 8 号线沿线……"

（4）财经投资

情况解读：在直播过程中，主播讲解了财经、投资内容，会导致直播间被封禁。

违禁提示：违反法律法规政策或直播行为规范等平台规则。

案例："番禺万博板块是广州未来的核心板块，投资这里一定没问题，房价未来至少可以涨40%，想在广州买房的，万博可以考虑……"

（5）海外房产

情况解读：在直播过程中，主播讲解了海外房产内容，会导致直播间被封禁。

违禁提示：违反法律法规政策或直播行为规范等平台规则。

案例："直播间的老铁们关注过越南房地产吗？这几年河内的房地产市场很火爆。想在越南投资的老铁们可以关注一下……"

3. 房地产直播违禁词

做房地产直播，有些词是不能说的，否则直播间会被封禁或扣分。房地产直播账号每年有12分，讲违禁词会被扣分，0.2分起步。如果讲太多的违禁词，分数被扣没了，账号就无法直播了。

房地产直播违禁词主要有以下四类。

（1）极限词

与最相关，如最高、最完美、最稀缺、最受欢迎、最适合投资、最高性价比、最靓、最大、最高、最便宜、最牛、最新等。

与首相关，如首家、首席、首个、首选等。

与顶级相关，如国家级、顶级、第一、Top1、金牌、终极、独一、绝佳、楼王、王者等。

（2）描述不当的词

描述位置要用"米"，而不能用时间。例如，不能说"5分钟步行到地铁"，可以说"离地铁口的直线距离是 300 米"。

不能使用"不限购""不限贷""商住两用"等词。

不能出现关于赠送的内容，不能使用意思与"赠送"相近的词。

（3）宣扬封建迷信的词

不能提及风水等宣扬封建迷信的内容，如"道路通财路通""水代表财富""风水俱佳""风水宝地"等。

（4）与营销相关的词

不能使用"特惠房""随时结束""随时涨价""马上降价""加我微信"等词。

4. 房地产直播一般违规行为

（1）诱导粉丝刷礼物，承诺送实物、送现金。

（2）低俗的语言、着装、动作。

（3）展现个人或他人的隐私信息。

（4）播放直播回放、录屏内容。

（5）口播微信、电话、QQ 号码，引导线下交易。

（6）引导用户私下交易。

（7）口播表达实体店地址。

（8）挂机直播，直播间很久没有人（10 分钟以上）。

｜第 40 讲｜ 房地产直播的流量分配

做房地产直播的有很多，但每个直播间的流量完全不一样，有的直播间有上千个观众，有的直播间只有几个观众。

1. 房地产直播的流量来源

（1）粉丝带来的流量

主播开播，粉丝可以收到通知，尤其是建了粉丝群之后，主播一开播，粉丝群就会发出开播通知，很多粉丝就会进入直播间观看。如果粉丝亮过灯牌，主播开播时，他们也会在第一时间收到开播通知。

（2）算法带来的流量

当天浏览过你的视频的用户，或者在你的视频停留时间比较长的用户，都会收到开播通知。

（3）平台扶持带来的流量

"开播30分钟以上，平台扶持可助您获得观众0～250人，具体扶持效果受直播质量、时长、观众意愿等因素综合影响"，这是抖音官方对平台扶持流量的解释。

（4）平台贡献带来的流量

如果直播间能很好地承载平台流量，各项数据表现出色，也可以获得一定的流量。比如，直播间有多人刷礼物的时候，平台会认为账号对平台有贡献，也会提供流量支持。

（5）商业流量

商业流量就是付费购买的流量。

在不花钱的情况下，能不能把直播流量做起来的关键是粉丝量。如果没有铁粉捧场，哪来那么多流量呢？

做直播要想免费获得更多的流量，还是要拍短视频，增加粉丝量，尤其是铁粉数量。

2. 房地产直播流量的分配

房地产直播流量的分配一般可以分为三个阶段。

阶段一：流量冷启动（预分配流量）

这个阶段是最关键的阶段，通常是在直播的前 3 分钟。此时推荐流量较少，更多的是视频流量（当天浏览过你的视频且停留时间较长的用户）、关注流量（铁粉）。这个阶段的重点考核指标是在线率（在线人数 ÷ 进入人数），高标阈值要求是 50% 以上。

如果流量冷启动前 3 分钟在线率过低，进入后续阶段的时间会被延迟，甚至本场不再推流。这就是粉丝量不多的账号做直播，流量往往起不来的主要原因。

阶段二：流量爬坡

流量爬坡阶段也叫高速流量阶段，通常是开播后 3 ～ 10 分钟，这时会有第一波猛增的流量。

这个阶段的重点考核指标有两个：一个是曝光进入率（进入人数 ÷ 曝光次数），高标阈值要求是 20% 以上；另一个是每分钟评论数，要求是 30 条以上，越多越好。

阶段三：流量震荡

流量震荡阶段通常是开播 10 分钟以后。此时直播间流量进入平稳期，系统不断小幅推流，在线人数趋于稳定。

这个阶段的重点考核指标包括：互动率（2% 以上）、关注率（1% 以上）、加粉丝团率（0.5% 以上）、曝光进入率（15% 以上）、人均停留时长（40 秒以上）。

|第41讲| 房地产直播四步法

房地产直播其实就四个动作——拉新、答疑、讨论、留资。这四个动作需要反复地进行。

第一步：拉新

（1）拉新的含义

拉新就是在直播间里不停地介绍我是谁，我能给大家带来什么价值，关注我有什么好处，留在直播间里有什么好处，这场直播到底要干什么。

（2）拉新的方法

要想让更多的用户留在直播间，就要用一些方法，比如，直播间满多少人就送福袋，给大家送资料，讲解比较有价值的内容，等等。

（3）拉新话术

🏠 **案例1**

欢迎刚进入直播间的家人们，老米今天晚上刚开播，现在大家能听到我说话吗？能听到我说话的，麻烦在公屏上帮老米打个"666"好吗？谢谢。

大家对于在广州买房有什么问题，就打在直播间公屏上，老米看到了都会帮你做分析，帮你做讲解，每个问题老米都会回答。

🏠 **案例2**

新进来的朋友，上方的福袋点一点，老米开播给大家准备的一点小心意。

老米在广州做了13年的房地产中介，专业度大家可以放心。

如果你打算在广州买房，遇到什么问题都可以打在公屏上，老米给大家做专业、客观的回答。

今天老米会在直播间讲几个大家买房时最关心的话题，帮助大家"避坑"。

大家点个关注，点点赞。除了福袋，我还给大家准备了福利——广州买房"避坑"指南。凡是点亮粉丝灯牌的，给我发私信，我会免费送给大家。

🏠 **案例 3**

大家应该看过不少直播，老米的直播间算是比较接地气的，我主要讲逻辑，告诉你们为什么能买、为什么不能买。我不是老师，我是大家身边的一个懂房地产的好朋友，大家在广州买房遇到了什么问题，可以随时找老米……

第二步：答疑

（1）答疑的含义

答疑就是问大家最近买房遇到了什么问题，问大家对于在这个城市买房有哪些疑惑，等大家把问题提出来之后，逐个解答。

常见的问题有"××项目能买吗""今年下半年要不要买房""国庆节期间怎么买房"等。答疑是为了体现我们的专业度，让客户知道我们是非常专业的经纪人，为后续的咨询打好基础。

（2）答疑的方法

答疑的形式很灵活，既可以是点菜式，也就是把问题列出来，让用户"点菜"，点了哪个问题就回答哪个；也可以是开放式，也就是让用户直接把问题打在公屏上，直接回答。

（3）答疑话术

🏠 **案例 1**

欢迎来到老米的直播间，我是老米，我在广州做了 13 年的房地产中介。今天主要给大家解决五大问题。无论您属于刚需人群还是改善人群，哪怕目前在观望也没关系，今天的内容一定让您有所收获。

第一，预算 200 万元，在广州怎么选刚需房？

第二，黄埔区和番禺区解除限购，如何选房？

第三，广州"卖一买一"群体如何把握换房节奏？

第四，年底如何选广州的二手房？

第五，年底如何选广州的新房？

接下来，老米会给大家逐个分析以上问题，如果大家想了解广州的某个板块，或者想了解某个项目或小区，可以在下方评论区留言。

🏠 **案例 2**

×× 这个地方，通勤到天河区的话，实在太远了，开车没有 2 小时根本到不了。也就是说，这个盘非常偏僻。

如果你不在天河、越秀、海珠这几个区上班，你就在 ×× 附近上班，还是可以买的。

各位家人，你们觉得我分析得对不对？觉得老米说得有理的麻烦打个"1"，谢谢！

第三步：讨论

（1）讨论的含义

讨论就是在直播过程中发起一些有吸引力、容易让大家产生共鸣的话题，激发大家的互动热情，顺便把互动数据做一下，稳定推流节奏。

常见的讨论话题如下。

- 2024 年在广州能不能买房？
- 大家怎么看目前广州的市场行情？
- 广州到底买新房好还是买二手房好？
- 在广州买房到底买东部好还是买西部好？

（2）讨论的方法

讨论的话题一定要提前设定好，要找一些讨论性强的话题。在发起讨论之前，一定要安排助理在公屏上与观众互动，就算没人回答，助理也要带头回答，烘托气氛。

（3）讨论话术

🏠 **案例 1**

直播间里所有的兄弟姐妹，你们觉得广州从化新城多少年可以落地？如果觉得 10 年能发展起来，打个"10 年"；如果觉得 20 年才能发展起来，打个"20 年"。

刚看到有粉丝说 60 年，太夸张了。老米认为，从化新城发展起来恐怕要 10 年起步，所以考虑在这里买房的要想清楚能不能接受这个地方 10 年以后才能发展起来。

🏠 **案例 2**

欢迎所有进入直播间的兄弟姐妹，欢迎大家来到广州老米的直播间，把你的问题打在公屏上，只要老米看到了，都会帮你做分析，帮你做讲解。大家不说话，我先说，番禺区好还是黄埔区好？觉得番禺区好的打"番禺区"，觉得黄埔区好的打"黄埔区"。

🏠 **案例 3**

有朋友问："老米，越秀区的'老旧小'值得买吗？"来，大家把"老旧小"三个字打在公屏上，我跟大家分析一下广州各个区的"老旧小"……

觉得能买的打"能"，觉得不能买的打"不能"。

第四步：留资

（1）留资的含义

留资就是在直播过程中让客户留下个人资料。

（2）留资的方法

留资最有效的方法之一就是"下钩子"，当客户问到某些细节问题时，主播可以引导客户发私信或填写表单，并承诺直播结束之后回复。还有一种方法是引导用户关注账号，进入粉丝群，在粉丝群里发资料。

当然，也会有一些用户觉得主播非常专业、讲得很好，他们会主动发私信，甚至主动留资。

（3）留资话术

🏠 **案例1**

没有点关注的家人们帮主播点一下关注，就在右上角。有朋友问："老米，你直播间背后的这个广州买房地图，能给我发一个吗？"

不瞒大家说，前几天有同行给我 5000 元，让我把这个地图卖给他，我都没答应。

直播间的各位朋友，有没有想要这个地图的？想要的话，在公屏上打个"1"。后台助理帮我准备 30 个名额，挂到下方的小风车里，大家直接去领就可以了。

🏠 **案例2**

刚有朋友问："今天讲的内容有没有文字版？"老米在广州做了 13 年的房地产中介，整理了一份《广州 2024 年购房指南》。就在下方的小风车里，这份文档包含了我今天讲的所有内容。后台助理帮我准备 10 份《广州 2024 年购房指南》，挂到下方的小风车里，大家直接去领就可以了。

🏠 **案例3**

今天问降价的人比较多，老米最近把广州每个区域、每个板块降价的盘整理成了一份文档，想要的粉丝每人发一份。这份文档包含了我今天讲的所有内容。后台助理帮我准备 10 份《广州 2024 年新房项目降价汇总》，挂到下方的小风车里，大家直接去领就可以了。

| 第42讲 | 房地产直播的诀窍

1. IP 要有实力

IP 一定要有实力，这个实力不一定是有多懂房地产行业，不一定是有多么专业，关键是能留住人。

做 IP，如果只是一个人在直播间里说个没完，就很难留住用户。

很多经纪人内心很不平衡，看到身边某个同行成了达人，心想："当年他连租赁是什么都不知道，现在每次做直播都有几百人看，连他都行，我也可以。"

想归想，等自己一做直播只有几个人看，很难不崩溃。做直播真的没那么简单，需要积累。

可能人家确实有比较强的实力，人家积累了一批铁粉，才能做起来。并不是说你干了 10 年，非常资深，你一开播就有很多人观看。做直播没有那么简单！

主播非常关键，他一定要懂得怎么留人，懂得目前的客户在思考什么、对什么感兴趣，他要流畅地表达自己的想法。要想达到这个水平，需要刻意练习。

当然，也有一些人天生就擅长做直播，但绝大部分人都需要训练，其实就是通过一条条短视频、一场场直播打磨自己的技能。

直播落地最关键的就是主播，只要主播确实有本事，其他的事情都好办。

2. 直播团队要做好配合

运营直播间不能只靠一个人，要靠整个团队。

团队需要安排多个角色配合主播与用户进行互动，这样才能把直播流量做起来，同时提升转化。

（1）IP助理

IP助理的工作内容包括：安排直播时间、汇总热点内容、挂小风车、协助回复评论、回访粉丝发资料、数据分析等。

助理的角色非常重要，助理把工作做到位，就可以帮主播节约很多时间，主播才能把大部分精力放到直播上面，提高直播效率与转化效率。

（2）主持人

主持人要跟主播及时地互动和沟通，当直播间里没有人说话的时候，当直播间人比较少的时候，主持人就要以游客的身份跟主播进行互动，问主播一些问题，把气氛调动起来。

（3）铁粉

铁粉就是每场直播都来捧场的粉丝。主播可以建立粉丝群，直播前在粉丝群发预告，给一些铁粉送些小礼品，升级关系，获得更多铁粉的支持。

如果"房产说理老米"这个账号做直播，肯定会有很多铁粉愿意承担这样的角色。承蒙大家的厚爱，我一开直播，就有很多粉丝不停地点赞，不停地刷礼物，不停地跟我互动。这是因为我拍了超过1000条视频，积累了一批铁粉，他们愿意支持我。

3. "短视频＋直播"，两条腿走路

如果你想让直播的产出更高，就要先从拍视频做起，通过每天拍摄、发布一条短视频提升口播能力，积累人气和粉丝。当你有足够多的铁粉捧场

时，直播就会变得非常容易了。拍视频还是要以口播为主，每天讲一个目标客户关注的话题，给大家答疑解惑，吸引精准粉丝。

要想成为优秀的主播，得有真本事，要能留住观众。在直播间里，主播要么非常幽默，总能以诙谐的方式传达自己的观点；要么非常专业，讲什么都头头是道；要么能给大家提供不一样的体验，让大家觉得看了直播有收获。而拍视频就是提升直播表现力最好的方式。

直播时讲到的话题，也可以作为视频的素材。

短视频和直播，两条腿走路，不仅可以让主播产生更多的思路，还能快速提升主播的能力。

4. 做直播的主要目的是留资，不是吸引流量

做直播的主要目的是让客户留下个人资料，而不是吸引流量。

哪怕有 300 个人、1000 个人在你直播间里，一场直播下来如果没有人留资，没有人主动向你咨询，那也没有什么用。

每一场直播都要按照前面说的拉新、答疑、讨论、留资这四步循环进行，尽可能让客户留资，客户留资才有成交的机会，有了成交才有继续做直播的动力。

5. 做直播要坚持长期主义

我记得 2023 年"五一"假期时，有一位经纪人给我发私信，说他连续直播了半个月，没什么人看，最多的时候就七八个人，但他连这七八个人也留不住，他一直在"尬聊"，不知道该聊什么。

我相信，有类似经历的经纪人应该不少，他们看到别人做直播效果不错，心里发痒，自己也想试试。他们抱着很大的期望，花不少钱买了设备、开了蓝 V 号，一顿操作，连播 10 天，发现根本不是那么回事。

直播还真不是随便什么人就能干的，不是拿起手机对着脸拍，讲讲房子，就有客户找你买房。直播是一个技术活，做直播比拍视频还难。

经纪人要想做好直播，一定要坚持长期主义，并把下面这三件事做好。

（1）涨粉

粉丝是怎么来的？在很大程度上是你持续发视频得来的。

直播的第一波流量就是粉丝，粉丝停留时间长，平台才会把直播间推给其他用户。如果你连粉丝都没几个，就指望有几百人、几千人看你的直播，那也太不现实了。

坚持每天拍摄、发布一条视频，最好是口播视频，让别人知道你是一位专业的经纪人，你懂市场，你会分析产品，你了解客户需求，你手上有高性价比的产品。只有这样，用户才会愿意关注你，成为你的粉丝，看你的直播。

这个涨粉的过程很漫长，你要坚持每天把视频拍好。

（2）打草稿

如果你有助理，你可以让助理帮你搜集资料、打草稿。

如果你没有助理，直播前一定要打草稿，写出当天直播要讲的内容，以及粉丝可能会提出的问题。

草稿应该包含以下内容：本地最新的成交数据、房地产行业新闻、不同板块的情况、当前热门区域等。

（3）坚持做直播

直播不是一天就能做好的，就像唱歌一样，专业的歌手也得天天练嗓子，也要一遍一遍地唱，才会有舞台上的惊艳表演。

做房地产直播也是一样的，没有千锤百炼，哪来直播间里的粉丝？

每次下播后一定要复盘，想想今天哪个环节做得好，下次要保持，总结哪个环节没做好，下次努力改进。

直播频次越高、时长越长，平台给你的惊喜越大。

第四篇

IP 变现

| 第43讲 | 从公域到私域

现在有很多经纪人做抖音或其他自媒体，确实积攒了一些流量，积累了不少粉丝，但不知道该怎么做转化。

你是否遇到过下面这些问题？

客户在线上向你咨询，却不愿意把你加为微信好友。

和客户互加了微信好友，你跟客户说话，客户却不理你。

你和客户在微信上聊得挺好，但客户就是不出来看房。

客户跟你看了一次房，就再也不理你了。

跟了客户一段时间，就再也找不到人了。

每天都在找客户，但就是没有实实在在要买房的客户。

转化线上客户涉及私域流量的问题，你能够转化、成交的客户一定属于私域流量。

私域流量转化要分两步走。

在做转化之前要把私域流量和公域流量分清楚，私域流量是相对于公域流量而言的。

公域流量是指你没有办法直接触达的客户、你不认识的客户，互联网上的茫茫众生属于公域流量。

私域流量是指你能够触达的客户，比如互加了微信好友或留了电话号码的客户，你能随时能跟他们建立连接，这些人属于私域流量。

第一步：公域转私域

公域转私域是转化线上客户的第一步。

我们需要在茫茫互联网这个公域中把信任自己的客户找出来，把他们拉到自己的私域里。

如何才能把公域里的客户转到私域里？下面介绍 3 种方法。

方法 1：人设吸引

在网上发布有价值的内容，不管是图文、短视频还是直播，利用平台规则，获得大量的曝光，让看到你的内容的人对你产生兴趣。

把内容发布到公域里有点像钓鱼时先把鱼食撒出去，我们上传的任何一条视频，我们发布的任何一条房源信息，作用都类似于鱼食。

做内容的目的是立人设，让别人认识你。以我为例，在抖音上很多人都认识老米，他们可能会跟别人介绍："抖音上有一个叫老米的人，他是专门讲房地产的。"

所谓人设吸引，就是把自己的人设撒在互联网上，让别人知道在某个城市有一个叫老张、老李或老王的人，这个人是做房地产的，而且非常专业。

当客户信任你，觉得你能帮上他，又有购房方面的需求时，客户就会主动联系你，甚至直接把手机号码或微信号发给你。只要得到客户的联系方式，就实现了从公域到私域的转化。

方法 2：产品吸引

所有的转化最终都要回归到产品。做探盘视频是不是相当于发布产品？我发布一条条培训视频，是不是也在做产品输出，让网上的其他经纪人知道老米还能做培训？

产品不一定是具体的房子，也可以是房地产行业的信息。比如，你可以在视频里分享当地房地产市场的走势，或者盘点当地哪些房子降价比较多。

我们得把产品扔到公域里，只要我们的产品有价值，总会有对我们感兴趣的人。

比如，你今天发布了一条视频，有 1000 个人在公域里看到了这条视频，有 900 个人觉得这条视频没什么用，但有 100 个人觉得这条视频挺有用，里面可能有几十个人会主动联系你，给你留下联系方式。我们通过这条视频积累了私域流量，这种从公域转到私域的粉丝才有价值。

方法 3：下钩子

"下钩子"是目前主动转化公域流量最常用的方法之一。

比如，你可以在视频或直播中发布有价值的内容，但只发布一部分，只要客户留下联系方式或给你发私信，就可以拿到完整资料。

第二步：私域转带看

跟粉丝互加微信好友后，你跟对方什么也不聊就约人家看房，这样太突兀了。

做转化不能着急，你得跟客户交流、互动，在这个过程中获得客户的信任，了解客户的基本情况和需求，这样后面的配盘、邀约、带看、议价才会更加顺利。

私域转带看的关键是得到客户的信任，当客户信任我们时，邀约就变得简单了。

我们要通过一条条视频，让客户清楚地知道我们是干什么的，我们能给他们带来什么价值。

我们还要在自媒体账号主页把人设视频或主营产品视频置顶，客户通过这几条视频了解到你这个人还不错，才愿意关注你。当然，这不代表他们愿意立即出来跟你看房。

我全网有几十万精准粉丝，在高峰期内容每天的浏览量平均能达到10万次，但只有几百个人通过私信咨询具体业务："老米，你上一堂课多少钱，能不能来我们公司上课啊？"最终达成交易的更少，一年大概也就50个。

对我来说，一年做50场线下培训，已经很不错了。

如何让客户信任我们？一个人信任另一个人，一定是因为另一个人有价值、专业、不骗人。

发朋友圈、发短视频、私聊、见面聊，做这些互动都是为了让客户知道你是一个值得信任的人，而不是直愣愣地进行销售。

除了让客户对我们产生信任，我们跟客户互加微信好友后，还要为客户提供一些服务，不停地输出我们的价值。也就是说，客户把你加为微信好友后，要从你身上得到一些好处。

比如，很多粉丝关注了我的账号，或者把我加为微信好友，之后就开始提问："老米，我的账号应该怎么做？""老米，你觉得现在做抖音应该采用什么思路？"

我们要为客户提供一些服务，既可以提供房地产市场的信息，也可以提供具体产品的信息，客户有什么问题直接问我们也可以。

比如，假设我做了一个面向广州的房地产账号，有一些人开始认识我、信任我，我也为他们提供了一些服务，他们问了我一些问题，我也解答了。当他们有买卖房屋的需求时，可能就会来找我。

可能有的粉丝会直接问："老米，我打算下个月在广州天河区买一套房，我现在看了天河北和天河东的几套房，你觉得应该选哪里？"有了前面的铺垫，这时我就可以为客户提供咨询服务了。

我可以跟客户说："我建议你选天河北，因为天河北目前还属于价格洼地，发展潜力非常大。我手上正好有三套刚刚拿到的优质二手房，价格都低于市场价，明天我亲自带你去看看。"

通过提供这样的咨询服务，再加上我在前期努力培育的客户对我的信任感，我就可以邀约客户看房了。

这就是私域转带看。客户已经对我有信任感了，邀约带看是水到渠成的事情，而且我在带看、促成交的时候会有更多的底气。

第44讲 | 私域流量经营工具——微信群

经营私域流量有一个非常好的工具——微信群，我们可以建立一个粉丝群，你可以把所有留了电话、加了微信好友的客户拉进一个群里，在群里统一提供服务或答疑。

可能有人会问："万一里面有同行怎么办？"

我想说的是，如果你的 IP 不足以支撑客户对你的信任，其实你是难以跟客户成交的。我们邀请进群的每一个粉丝都是冲着我们这个人来的，如果你觉得哪个微信好友不靠谱，完全可以不邀请他进群。

邀请什么人进群是由你自己决定的，不管群里有 5 个人、10 个人、200 个人还是 300 个人，都是由你自己决定的。哪怕群里只有 3 个人，也能聊。

微信群只是一个转化私域流量的工具，有时候你跟客户私聊，他也不见得理你，但只要他在群里，就会默默地关注你的一举一动，包括你对市场的看法、你对产品的介绍，他都看在眼里。时间长了，客户觉得你这个人不错，就会越来越相信你，未来就会愿意跟你交易。

当然，群里的客户不一定都能成交。比如，你的粉丝群里有 200 个人，你能成交 200 单吗？

你能跟 20 个客户成交就可以了。

不要那么贪心，不要指望关注我们的所有粉丝、认识我们的所有客户都能成交，能跟其中一部分成交就可以了。

粉丝群主要有以下两个作用。

第一个作用是传播你的 IP。

你要在粉丝群里持续地传播你的 IP。怎么传播？最直接的方法就是发布有价值的内容。

比如，假设我在广州建一个买房粉丝群，我会每天在群里分享近期广州的房地产行业发生了什么事情，转发一些专家的观点，分享自己的感受，介绍热销产品，分析各个板块的优点与缺点，讲解"避坑"技巧，等等。

我把这些信息发到群里，就是为了让群里的客户知道，他们只要在这个群里，每天都可以获得很多有价值的信息。

此外，粉丝群还为客户提供了一个交流的平台。

群里都是买房的人，在城市里有能力买房的人基本上都有一定的经济实力，大家在群里肯定会聊房子该怎么买、怎么卖。

大家在群里聊久了，说不定还能交上朋友。就像我的粉丝群里的很多粉丝，跟别人聊着聊着发现两个人是老乡，有的都来自成都，有的都来自南宁，有的都来自东北。慢慢地，大家就会找到一些跟自己志同道合的人，可能就会产生业务上的交集。

粉丝群的核心是你的 IP，粉丝都是冲着你来的。如果 IP 不具备持续输出价值和答疑的能力，就无法经营好私域流量，难以维护好这些粉丝。

第二个作用是高效转化粉丝。

转化粉丝主要有两条途径。

第一个途径是粉丝主动联系你，找你买服务。

只要你坚持每天在群里做分享，一定会有粉丝觉得你分享的东西有价值，只要他有需求就愿意主动咨询你，让你帮他找合适的房子。

第二个途径是联合粉丝，做一些集体看房活动。

比如，假设我在广州，我拿到了性价比非常高的房子，我可以在群里推荐，说 ×× 小区有一套什么样的房子，优点是什么，问大家下午三点半有没有人想去看房。如果你群里有两三百人，一般至少会有七八个人想去看，这七八个人一起看房就烘托了购房的氛围。

当你有了这样一群粉丝时，找业主谈价格也好，找业主谈独家委托也好，你都会更有底气。

我们做房地产中介，不要每天想着赶紧找新客户，找到新客户能成交就成交，不能成交就找下一个，那是狗熊掰棒子。

为什么很多经纪人赚不到钱，因为他们根本没有考虑过怎样把自己这个人推出去，让更多的人认识自己，让客户主动找自己提供服务。

我们要想办法提升自己，让更多的人认识我们、相信我们。等我们身边聚集了越来越多的粉丝，我们就不用费尽心思去找客户了。

在线上，我们可以通过自己的 IP 去吸引粉丝，把自己的私域流量做起来。

你可以把自己觉得靠谱的人拉进自己的粉丝群里，真正信任你的人会一直信任你，别人永远撬不走。

最重要的一点是我们要持续地进步，我们在买房卖房方面要比客户高一个维度，不断地为客户提供价值。当然，我们还要维护群内良好的交流和互动氛围，让大家都能通过你获得一定的资源。

培育粉丝群要有充分的耐心，有可能需要三个月，也有可能需要半年。当粉丝群里的人对你的黏性越来越强时，一定会有人主动找你买房。而且，只要你手上有了优质的房子，就可以在群里面约大家一起去看房，你的转化能力就会越来越强。

当然，建立粉丝群只是经营私域流量的方法之一，你可以试试，如果你认为效果不好，可以按照自己的思路去做。

|第45讲| 私域客户的筛选

经营私域客户最重要的动作是分类。

所谓分类，其实就是做筛选，比如，一天进来 20 个私域客户，不可能都是直接买房的，大部分人可能就是先了解一下，有的可能是遇到了一些比较棘手的问题，还有的是已经买完房了，想看看自己是否买亏了。当然，也有着急买房的，但毕竟是少数。

1. 私域客户的筛选

2023 年 9 月，我在青岛上大课，有 300 多个学员。上完课，有不下 50 个学员围住了我，都在问我一个问题："老米，到底怎么做转化？"

这些学员的获客模式都是"短视频＋直播"，有的一天能获得 200 组客户资料，有的一天能获得 80 组客户资料，但都在转化这个环节出了问题。

大家的问题大致可以分为以下三种。

第一种，客户留资之后完全没有办法激活，电话不接，微信也不回。客户一直问产品信息或要资料，拿到信息或资料之后就把经纪人拉黑了。

第二种，客户会接电话但约不出来，微信上可以聊天，但一邀约，客户就推三阻四，找各种理由不出来看房。

第三种，约出来之后，客户非常挑剔，看了很多套房但无法成交。

这三种客户占 95% 以上。转化成本高，成交效率低，导致他们对转化抖音客户失去了信心。

提升抖音客户转化率的办法其实就两个字——筛选。

我们做抖音实际上就是在筛选能成交的客户。

比如，西安曲江区有一位大哥，每天直播 8 小时，一天能获得 200 多组客户资料，这在抖音房地产主播里面算是排名靠前的。从 2023 年 2 月开始，月均获得 6000 组客户资料，但月均成交 20 套，转化成交比仅有 0.33%。

我跟这个大哥说："你要考虑清楚，整个西安一个月的新房成交量也就七八千套。除了自访客户，留给房地产中介成交的新房也就四五千套。一天 200 组客户资料，你想都成交吗？一天 200 套，一个月 6000 套，整个西安的新房成交量都归你啊？西安差不多有 3 万个经纪人，就你一个人能吃上饭吗？

"每天的 200 个新客户里，有 10 个客户完全信任主播就已经很好了，剩下的 190 个可能都只是为了获取他们想要的信息。直播间吸引来的很多客户并不忠诚，见了主播就加，见了经纪人就加，这种客户是很难转化的，这种客户也不是我们的精准客户。"

我们在拍短视频或做直播的时候就要筛选客户，内容不要太宽泛，就讲我们熟悉的板块，我们熟悉的区域，我们主推的房源。只要通过优势产品、可控产品把精准客户抓住就可以了，如果其他的客户实在难以转化，我们可以跟同行、同事合作。

什么都做就是什么都不做，什么都会就是什么都不会。

不要贪多，不要贪大，房地产行业的蛋糕很大，一个人是吃不完的，我们只吃我们可以吃到的那一部分就可以了。

这里再强调一下团队合作。如果你现在的粉丝不多，客户不多，你自己就能忙得过来；如果你现在每天有 30 ～ 50 个新客户，你就必须找到靠谱的、能够帮你做转化的合作伙伴。如果跟他人合作，就要放弃部分利益。

为什么很多经纪人找同事合作不顺畅？因为很多经纪人会把优质客户留给自己，把其他客户交给同事，这样做肯定是不行的。

合作跟客有一个小技巧，那就是拿到客户资料之后，主播要亲自跟进，给客户打电话，了解需求，互加微信好友，之后建群，把自己、客户、带看经纪人都拉进群里，这样才能无缝对接客户。带看经纪人把服务流程、带看方案、带看反馈都发到群里，让客户知道有团队一对一地为他服务。

主播每天打开手机浏览每个微信群的消息，就知道每位客户的跟进情况。

带看经纪人需要主播做客情关系的时候，需要主播亲自陪客户看房的时候，需要主播参与促成交的时候，主播就要亲自上阵。

2. 私域客户的沟通

接到线上客户时，包括来自广告端口、各类自媒体平台的客户，只要他们主动咨询，就要立即把他们转到私域，也就是跟客户互加微信好友或让他们留下电话号码。如果某些人不愿意把你加为微信好友或留下电话号码，就说明他们很有可能是来套信息的。真心想买房的人多半愿意把你加为微信好友或留下电话号码，因为他们想了解更多的信息，想了解你推荐的房子的真实情况，也想着跟你去看房。不愿意留下联系方式的人，你可以不用积极地跟进。

不要跟客户在私信区或评论区聊太多，简单聊几句，确定他们的需求之后，先把他们引到私域，再做详细介绍。

客户把你加为微信好友或留了电话号码，才是服务私域客户的开始。最好约客户面谈，约不出来再打电话，能打电话就别发信息。

不管面谈还是打电话，一定要跟客户把需求聊透。根据我的经验，客户需求都是聊出来的，不是问出来的，因为很多客户跟你讲的不一定全是实话。有些客户明明说要看两居室，结果最后跟别人买了一套三居室，有些客户明明跟你说要买二手房，结果最后跟别人买了一套新房，这些情况都很常见。有时候，不是客户故意要说假话，而是他们也不知道自己真正的需求是什么。

要想做好私域转化，经纪人就要具备一项非常重要的能力——了解客户需求的能力。客户用嘴告诉你的往往不是真正的需求，真正的需求是你跟他沟通出来的，是通过一次次的带看、一次次的配盘、一次次邀约才最终确定的。

首次跟客户沟通时，经纪人一定要问客户三个问题。

第一个问题：看过那些房子？（了解客户的预算）

你问客户预算是多少，如果客户对你不是非常信任，一般不会跟你说实话，这会误导你的判断和后续的配盘。

比如，客户跟你说预算是 200 万元，但实际上他的预算是 300 万元，你按照 200 万元的预算帮他找房子，一定找不到合适的。

但是，如果你问客户看过哪些房子，客户一般不会说假话，你就可以了解这些房子的价格在什么区间，推算出客户的预算范围。

第二个问题：喜欢哪套房子？（了解客户的喜好）

客户看了很多房子，其中肯定有客户喜欢的，你可以问"您看过这么多房子，最喜欢哪一套"或"您基本上看遍了 ×× 商圈的小区，您最喜欢哪个小区"。

客户喜欢的这个小区一定有独特的卖点，掌握了这个小区的卖点，就掌握了客户的喜好。

第三个问题：为什么没有买看中的那套房子？（了解"抗点"）

"抗点"就是客户目前无法做决定的卡点，也就是业务推进的阻碍点。

客户看中了一套房，却没有买，为什么？

可能的原因有很多，如预算、户型、交房时间、装修等。不成交，一定有难以解决的问题，这个问题也可能是阻碍客户跟你成交的问题。

初步了解客户需求后，我们在给客户配盘的时候可以通过两个维度抓取客户的真实需求，一个维度是区域，另一个维度是价格。

先说区域。比如，客户跟你说预算是 100 万元，想买一套成熟小区的三居室，这时我们要先确定区域，具体方法是通过客户的通勤时间及客户家庭成员的需求，先在较大范围中选择跨度比较大的两个区域，每个区域选两三个小区，通过区域对比，明确客户到底偏向哪个区域。

再说价格。比如，我们给客户匹配了三套房子，这三套房子一定不能都是总价 100 万元的，最好是一套总价 90 万元左右的，一套总价 100 万元左右的，一套总价 110 万元左右的。

通过对比不同价格的房子，可以让客户建立相应的认知：好房子价格肯定高一些，碰到性价比高的房子不容易。当然，我们也可以通过价格的对比凸显某套房子的性价比较高。

比如，客户看了一套总价 110 万元的房子和一套总价 100 万元的房子，虽然总价 110 万元的这套房子楼层好一点，但是装修、户型还不如那套总价 100 万元的，这就可以凸显总价 100 万元的这套房子的性价比。

在跟客户接触的早期，一定要把配盘的范围扩大一些。哪怕客户说他想买新房，你也要带他看看二手房；哪怕客户说要买电梯房，不想买楼梯房，你也要带他看看比较合适的楼梯房。

总之，前期带看的范围越广，我们越能通过对比抓住客户的真实需求，帮客户匹配到合适的房子。

虽然不同客户的需求不一样，但客户的某些需求是可以归类的。比如，当下市场中有一条很重要的规律：**刚需型客户看价格，改善型客户看产品**。

刚需型客户一般手上的钱不多，他们最大的诉求就是花 100 万元买一套 200 万元的房子。难点在于，他们既希望用尽可能低的价格买到好房子，还希望这套房子有升值空间，这两件事是相悖的。

我们在给刚需型客户推荐房子的时候，一方面要讲清楚这套房子的性价比，另一方面也要讲一下小区、地段、配套及未来的发展空间，让客户知道这套房子可能有升值潜力。

一味地跟刚需型客户讲这套房子多便宜，可能客户并不会动心。如果你顺便说说这个小区的均价本身就挺高的，而且这套房子是整个小区里面性价比非常高的，买到就是赚到，客户可能就有了兴趣。只有用这样的产品和话术才能打动刚需型客户。

改善型客户更重视产品。也就是说，这套房子要能升级客户的居住体验。比如，孩子可以上更好的学校，从两居室升级到三居室，从单卫升级到双卫，从远郊区进入市区，等等。一句话总结就是，改善型客户大多会选择更好的产品，尤其是新房。

如果你所在城市的改善型新房比较多，客户就更愿意选择新房。我在2023年的时候动了换房的念头，在广州看了几套改善型的新房，产品真的太丰富了。比如，同样是 140 平方米的房子，原先的 140 平方米的房子只能做到三室一厅一卫，而新一代的产品可以做到四室两厅两卫，而且四个卧室的布局就像四叶草，两间卧室朝南，两间卧室朝北，居住体验完全不一样。

|第46讲| 跟私域客户沟通的技巧

在经营私域流量的时候，跟客户沟通是让很多经纪人头疼的问题。

很多经纪人在跟客户聊天的时候，聊着聊着就不知道该聊什么了，客户也就不理经纪人了。

下面介绍三个跟客户沟通的技巧。

1. 赞美客户

不管面对什么样的客户，我们都要适度地赞美客户，因为大部分人都喜欢听好话，喜欢听别人赞美自己。

如果客户是中老年人，给自己的孩子买房，我们可以赞美客户："可怜天下父母心，做您的儿子真的很幸福。"

如果客户是年轻人，自己买房，我们可以夸客户年轻有为。

如果客户带着孩子，我们可以夸孩子可爱、聪明。

如果客户是小两口，在男方付款的情况下可以夸女方："你选了一个好老公，一看你老公就是一个特别有上进心、特别顾家的好男人。"

总之，我们要挖掘客户身上的优点，适当地赞美客户，让客户产生愉快的感受。客户感到愉快就会放松心情，就愿意跟你多聊一会。

2. 多想一步

作为经纪人，我们要时刻想在客户前面。比如，在给客户推荐某套房子的时候，我们要想清楚客户可能会有哪些疑问，我们要提前把这些问题说出来。

比如，我们给客户推荐的这套房子面积不是很大，客户可能会说面积太小了，我们预料到客户会说面积小，所以要提前准备好回复客户的话术。

我们可以说："这套房子面积确实不大，但是得房率在 85% 以上，而且总价低，符合您的预算。"

当客户问到房子的某些缺点时，如果我们已经准备好答案了，就可以做到随问随答，收放自如。客户会觉得这个经纪人确实比较专业，能够快速地回答自己的问题，不管聊到什么，这个经纪人都能及时回复。

3. 把客户当成朋友

我们跟客户聊天的时候，一定要把客户当成朋友。

我有一个小技巧，在跟客户聊天的时候把客户想象成自己身边的某个人。比如，客户 30 来岁，我就把客户想象成自己身边 30 来岁的朋友，我跟朋友怎么说话，就跟客户怎么说话。

假设客户是 40 多岁的大哥，你就想想自己的堂哥、表哥。你跟自己的堂哥、表哥聊天的时候是什么感觉？你跟客户聊天也应该是这么一种感觉。

能顺畅地跟客户沟通不是一两天就能练成的，刚入行的新人肯定不如干了十几年的经纪人，但不用过于担心，毕竟成长的空间是巨大的，千万不要因为一两次的失败经验就彻底否定自己。有时候，我们除了要用专业水平打动客户，也要看缘分。

不要试图讨好所有的客户，我们做好自己，把自己的人格魅力展现出来就够了。如果客户愿意相信我们，我们就好好地为客户服务；如果客户不相信我们，我们再找新的客户就可以了。

第47讲 私域客户的分级

跟客户聊完需求后，为了便于跟进客户、服务客户，提高工作效率，我们还要结合客户需求对客户进行分级。对于不同级别的客户，要采用不同的跟进策略。

客户分级的方法有很多种，这里根据资金情况、需求情况、客情关系、急迫程度四个要素，把客户分成 A、B、C 三类。

1. A 类客户

A 类客户资金充足且到位，需求明确，着急买房，信任你。

A 类客户是重点转化对象，我们要天天跟进。这么优质的客户，你不跟，别人也会跟。

A 类客户的占比并不高，大概占客户总量的 10%。比如，你今天跟 10 个客户互加微信好友，可能只有 1 个客户是 A 类客户，剩下的 9 个全都是没那么快成交的客户。

对于 A 类客户，我们要天天跟进，问客户在看什么房子，问客户对这套房子有什么感受。当客户提出问题的时候，我们要立即解答，顺势邀约看房。一旦客户看中，我们要立即促成交易。

2. B 类客户

B 类客户资金没那么快到位，或者对你的信任不够，或者需求不是很明确，需要花一点时间去转化。

B 类客户大概占客户总量的 20%。

对于 B 类客户，我们至少每周跟进一次，每周周四或周五就要约客户周末看房。

每次看完房，都要把看房记录、看房总结发给客户，寻找成交机会。

我们要努力跟客户拉近距离，增进感情，慢慢地把 B 类客户转化为 A 类客户。

3. C 类客户

C 类客户没那么快成交，要么资金没那么快到位，要么需求不明确，要么等着捡漏，要么本来就是来套信息的。

C 类客户大概客户总量的 70%。

对于 C 类客户，每半个月跟进一次就好。

我们在跟进 C 类客户的时候，不要一上来就推房子，而要多聊聊生活，多聊聊客户感兴趣的话题，慢慢地让他们对你产生信任感，慢慢地跟他们成为朋友。

如果 C 类客户跟你说他不买房，你可以跟他说："不买房没关系，你看看有没有亲朋好友要买房，你可以把他们推荐给我。成交之后，我给你分成。"这样说不定还可以获得转介绍的客户。

一般来说，70% 的客户都没那么快成交，我们要重点把握 30% 的精准客户。

经纪人一定要两条腿走路，一条腿是自己开单，另一条腿是我们在找客户的时候看看能不能找到一些"兼职人员"作为我们的帮手，让他们帮我们找到一些客户。当然，我们也要分给他们一些好处。

｜第48讲｜ 私域客户的常见问题

1. 跟进私域客户的步骤

大家别总盯着线上流量，线上流量肯定越来越贵，获取线上流量肯定越来越难。多研究一下自己手上的私域客户，把那些留了电话号码或加了微信好友的客户服务好，比做线上流量的转化更容易一些。

2023 年 8 月，我在北京上课时遇到了一位姓唐的经纪人，我们叫他老唐。老唐在课堂上分享了一个案例。

2023 年 7 月，老唐成交了一套 800 万元的二手房，买方是 3 年前他在线下驻点时加了微信好友的客户。这位客户的老家在陕西，他在北京朝阳区国贸附近某小区门口卖凉皮，卖了 25 年。他的孩子也在北京上班，一家人凑了 300 万元左右的首付款，想在北京买一套 800 万元左右的房子。老唐从 2020 年就开始跟这位客户，有合适的房子就先把信息发给他，他喜欢就出来看。

老唐在 3 年内带他看了不下 50 套房子，一直到 2023 年 7 月才成交。

这位客户在这 3 年间也找其他经纪人看过房子，国贸商圈的很多经纪人都知道他，也都加了微信好友。大部分经纪人跟几天、带看几次就放弃了。

只有老唐持之以恒地跟进客户，客户觉得老唐的能力不是最强的，但老唐是最真诚的，老唐的真诚打动了客户。

这张单子，客户给了 2% 的佣金，业主给了 0.5% 的佣金，老唐拿了 20 万元的佣金，成交当月到手工资超过 12 万元。

老唐说自己在北京做房地产中介 13 年了，虽然抖音做得一般，但每年都能跟私域客户成交 4 套以上的房子，这是他安身立命的根本。

无独有偶，我 2023 年 9 月去河北邯郸做市场调研，跟某门店的店长聊天。2023 年，他们门店从 2 月到 8 月一共成交了 20 套二手房，60% 的客户来自私域，这些私域客户都是 2023 年春节之前录入系统的客户。

我问店长他们如何转化私域客户，店长总结了以下三个步骤。

第一步，盘点。公司要求经纪人和店长至少每半个月盘点一次客户，包括经纪人的微信客户、电话客户及公司系统中的客户。所有人通过微信或电话跟现有客户联系一遍。经过这样一番盘点，就能筛选出来哪些客户还需要继续跟进。

第二步，跟进。对筛选出来的重点客户做重点跟进。公司要求经纪人做好跟进记录，如果是通过微信跟进的，要把聊天记录保存好，以便再次跟进。

第三步，邀约。跟进重点客户的时候要找到客户的"抗点"，邀约之前要找到应对"抗点"的方法。经纪人向店长汇报客户情况时要总结客户的"抗点"，匹配合适的房源，提前想好邀约话术。

这三步做完了，一定会有客户出来看房，这样就把私域客户盘活了。

2. 客户拿到信息后就不回消息了，应该怎么办

很多客户找到经纪人后就要房源信息，拿到信息后就不理经纪人了，甚至把经纪人拉黑。有一些客户经常找经纪人聊房子，当经纪人主动找客户聊的时候，客户却不回消息了。

大部分经纪人觉得：直接放弃这些客户有点可惜，毕竟是辛辛苦苦找来的；但继续跟进的话，短期内又看不到转化的希望。

其实，这种客户属于我们前面讲到的 C 类客户，他们不信任经纪人、需求没那么明确、不着急买房或想跳单。这种客户并不是完全没有成交的可能性。

我们应该怎么维护这类客户？下面介绍三种方法。

（1）池塘养鱼法

只要你把客户加为微信好友，他就是你私域流量池里的一条鱼，你要时不时地喂一点鱼食——跟他们聊聊天或发一些优质房源，看看有没有转化的机会，有的话最好，没有的话也无所所谓。只要你的池塘足够大，你养的鱼

足够多，从概率的角度来说，一定会有一些人可以转化。

（2）提供价值法

我们给客户发完房源信息之后，可以跟客户说："您不回我也没事，您也可以联系其他经纪人看这套房，谈价格的时候您可以跟我说一声，我帮您跟业主谈价格，或者您谈出了什么价格，跟我说一下，我帮您判断这个价格是不是底价。"

经纪人这样说能充分体现自己的价值，潜台词是："这套房我维护得非常好，我也知道底价是多少，你完全可以找别人看这套房，我就是有这样的底气。"

（3）打消疑虑法

给客户发完信息，如果客户长时间不回消息，我们可以跟客户这样说："关于买房的事情，您有什么问题，可以随时联系我。放心，我不会主动向您推销房子，您有问题就找我，就当交个朋友。这个城市里面每个板块、每个新房项目、每个二手房商圈我都非常熟悉，我们公司也有很多资源，您需要的时候，跟我联系就可以了。"跟客户这样说是为了消除客户的疑虑。

这种客户有很多，可能你的微信上每个月会增加一两百个这样的客户，但只要能跟其中一两个客户成交，就值了。

对于这类客户，我们同样要做周期性的跟进，比如，每周跟进一次，问问客户最近看房的情况，总结楼市发生了哪些变化，把新的优质房源信息发给客户。

3. 巧用微信跟进客户

说起微信，每个经纪人都在用，但不是每个经纪人都能用好。有的经纪人只是把微信当成沟通工具、保存房源信息的工具或推广工具，这三项功能当然很重要，但都是基础功能。

下面介绍微信的三种用法，用好了可以显著提高工作效率。

（1）迷你版的 CRM（客户关系管理系统）

现在移动办公已经成为大趋势，很多大型公司都在自行开发移动办公系统，或者干脆用钉钉。不过，大部分房地产中介公司没有移动办公系统，主要是因为投入比较大，而且很多经纪人也不习惯使用这类系统。

图 4-1 "备注和标签" 功能

微信的"备注和标签"功能其实就相当于一个既便捷又高效的工作平台，如图 4-1 所示。

利用"备注和标签"功能，我们不仅可以备注客户的基本信息，还可以填写客户的相关资料，非常实用。

注意，不要只在"备注名"栏里写姓名，而要简要描述客户的基本情况。比如，如果客户是男士，要买天河板块的三居室，预算是 300 万元，"备注名"栏里就可以写"张 R- 买 - 天河区 -3 房 -300 万元"；如果客户是女士，要租两居室的电梯房，预算是 5000 元 / 月，"备注名"栏里就可以写"女 S- 租 -2 房 - 电梯 -5000 元"。

备注名要有统一的、标准化的格式，以便后期有了合适的房源能快速找到客户。

"标签"栏可用于标注租售类型或客户需求或客户的急迫程度。

"电话"栏主要用于记录客户的联系方式，最好多记几个号码。

"描述"栏可用于填写客户的基本情况及跟进记录。

很多经纪人都会出现记错客户或忘记客户的情况，每天新增 5 个客户，一年下来就是 1800 多个，记住所有客户是不可能的。"备注和标签"功能真的非常实用，只要按照一定的规则做好标注，就不怕把客户记混了。

（2）发有灵魂的朋友圈

所有经纪人都会发朋友圈，但大部分经纪人发的朋友圈太过无聊，都是没有营养的广告。虽然现在抖音、快手、今日头条等自媒体平台分走了一些刷朋友圈的时间，但朋友圈依然是大部分人每天都会关注的信息流。

经纪人发朋友圈有一条原则——要发有灵魂的朋友圈。

什么是有灵魂的朋友圈？我认为必须符合以下三个条件。

第一，有价值。为什么有些经纪人发的朋友圈无法吸引客户，也没有客户点赞，甚至自己的亲朋好友都不理睬？因为这些内容没有什么价值。信息价值、观点价值、情绪价值，你总得提供一样，人家才愿意看。

如果你发的朋友圈不能让人产生停下来看的冲动，就是无效的。

第二，接地气。越生活化的朋友圈越接地气，越能让客户感受到你是什么样的人。

朋友圈要围绕你的生活去打造，而不是职业。你只有通过朋友圈展示自己是一个正常人，有正常的生活，有喜怒哀乐，再适当地融入职业元素，才能让客户产生安全感和信任感。

把自己的形象照或家人合照作为头像的经纪人，基本上都能给客户留下良好的第一印象。如果头像不是真人，而是动漫角色、明星或宠物，就很难给客户留下好印象，这会直接影响后续的沟通。

人都有好奇心，我们把陌生人加为微信好友后的第一步一般都是看一下他的朋友圈，看看这个人长什么样子，在生活中是什么样的。所以，经纪人发的朋友圈最好是真人出镜，这种朋友圈更容易让客户产生亲近感，因为客户能看到你长什么样子，知道你在生活中是什么样的。

很少有客户把经纪人加为微信好友后先看他发的房源信息。朋友圈营销的真谛就是：先认可这个人，才会认可这个人推荐的产品。

第三，有观点。这才是重点！买房的人都有一定的经济基础，他们更喜欢接触有文化、有思想的经纪人，也十分关注房地产、投资等领域的各种观点。

你在朋友圈里表达的观点,反映了你这个人的思想和水平,也决定了你能吸引哪些人。

客户喜欢看到有深度的观点,经纪人要努力提升这个方面的能力,以便更好地吸引客户。

有灵魂的朋友圈,一半是工作内容,一半是生活内容,而且是真人出镜的内容,这样的朋友圈更容易让客户产生好感。有了这种好感,成交的可能性就变高了。

(3)聊天内容也要私人定制,用微信精准跟进每位客户

很多经纪人把客户加为微信好友后,随便发一些可能适合客户的房源,只是简单地发几张图片或几个链接。这种沟通方式是没有人情味的。

客户希望得到重视,因此聊天内容应该是私人定制的。

比如,客户之前跟你说想买一套三居室的房子,预算是 400 万元,你帮客户找到了合适的房源。在发房源信息之前,你一定要组织好语言,把房子的优点与缺点及自己的建议都表达清楚。这种回复更有人情味,客户会觉得自己很受重视。

懂得这样做的经纪人并不多,只要你这样做了,客户就会觉得你跟其他经纪人不同,你是在真心地服务客户。

下面一起看一个案例。

2023 年 9 月,我去重庆到家了公司游学。到家了有一支千人新房直销队伍,在这支队伍中有一支四十多人的冠军团队,他们的新房客户成交比达到了 4:1,也就是每 4 个新房客户就能成交 1 个。

这个团队有一条非常重要的业务标准———一房一视频。

经纪人去踩盘时必须带上手机和自拍杆,真人出镜,拍一条探盘视频,从地段、配套、小区环境到房子的优点与缺点,以及适合人群,都要讲清楚。

经纪人要在拍完的第一时间把这条视频发给潜在客户，发探盘视频比发一段文字显得更加专业。

我想提醒大家，一定要买存储空间足够大的手机。如果因为存储空间不足而丢失一些图片或聊天记录，损失就太大了，多花一点钱是值得的。

成交一套二手房，至少要跟进 3 个月到半年，每一次沟通都会留下记录。作为经纪人，能发文字就不要发语音，因为文字保留了很多关键信息，当你忘记某些信息时，翻一下聊天记录就能想起来，而在一堆语音消息里面找你需要的信息就麻烦多了。

另外，跟客户交流的时候不要把客户当成客户，而要把客户当成朋友。跟进客户的时候，就像跟朋友聊天一样，就像帮自己的好朋友买房一样，要多站在客户的角度思考问题。客户和你越来越亲近，最后可能真的成了朋友。

你都跟客户成为朋友了，还怕成交不了吗？

（4）维护良好的微信形象

微信形象不光是头像，你发布的内容必须是积极的、充满正能量的，千万不要发充满负能量的朋友圈，否则你的人设就崩了。

微信让沟通变得简单，但经纪人要时刻注意自己的言行，用心经营朋友圈，争取跟每一位微信好友成为真正的朋友。

多点赞，多评论，多互动，多沟通。人心都是肉长的，当频繁与客户互动成为你的一个习惯时，客户就会对你产生信任甚至依赖。

当客户依赖你，有什么需求都跟你说的时候，成交就变得非常简单了。

|第49讲| 私域客户的邀约

1. 如何高效地约客户出来看房

很多经纪人认为，客户邀约是一个概率问题。不过，客户约不出来，很多时候跟邀约技巧有一定的关系。

2023年3月，我在广州做市场调研的时候，采访过一位2022年业绩做了130万元的经纪人。她是一位出生于1999年的女孩，叫小娜，2021年入行，主要做广州东部新房。

她在2022年成交了21单，在2022年这个特殊的年份，能够拿到这样的业绩，非常了不起。

她2021年大学一毕业就进入了这个行业。我跟她聊了2小时，我发现她的专业知识不是很强，也没有掌握丰富的销售技巧。但是，她有一点特别突出，就是锲而不舍。

只要跟客户互加了微信好友，她就会不厌其烦地跟客户沟通，不厌其烦地约客户看房，从来不会放弃。

很多跟她成交的客户，都是冲着她这种不服输的精神。她坚持不懈地跟客户聊，耐心地为客户解答问题，耐心地邀约客户，客户被她的这种精神所打动。

我问她："在成交的这21单里，你印象最深的是哪一单？"

她说2022年12月成交的一位客户是她刚入行时接到的第一位客户，这位客户是她在2021年线下发传单时认识的，互加了微信好友。她一直跟客户聊，只要有合适的房子，她就约客户看房，但客户一直不理她。

到了2022年12月，客户突然联系她看房，她带客户看了三个新盘，客户看中了其中一个。过了一个星期，客户带着家人过来复看，看完之后算价格，算完价格直接刷了定金。

她讲得手舞足蹈，但脸上那种兴奋的表情把我带入了当时的情景。

小娜的成功不是个例，每家房地产中介公司都有这种经纪人。

做房地产中介不一定非要有丰富的专业知识和销售技巧，很多时候锲而不舍的精神往往更加重要。

以目前的市场行情来说，客户的买房周期在变长，一位客户后面有很多经纪人在跟进，客户约不出来很正常，但我们千万不能放弃。

客户可能受到市场的影响，观望情绪浓厚，所以不跟你出来看房，或者有别的什么原因。我们要保持耐心，要比客户更有耐心。

要想高效地约客户出来看房，一定要把握下面两条原则。

（1）让客户信任自己

客户都不信任你，为什么要跟你出来看房呢？

如何让客户信任你呢？其实方法很简单，你把客户当成朋友就行了。你就把客户当成你刚认识的一个朋友，你要想办法帮他买到合适的房子，而不是整天给客户发房源信息。你可以从生活方面关心客户，比如，你可以说"刘姐，最近怎么样啊"或"王哥，最近在忙什么，有没有看房"。

你看到了什么好的文章或视频，也可以发给客户。只有多跟客户互动，站在朋友的角度跟客户沟通，客户才愿意信任你。

（2）为客户提供价值

对大部分客户来说，跟你出来看房也是看，跟别人出来看房也是看，为什么非要跟你出来看房呢？如果你不能提供价值，他们为什么要出来跟你看房？

客户信任你，再加上你能给客户带来一些好处，这样他们跟你出来看房的可能性才会变高。

比如，我们可以跟客户说："我手上有一套刚挂出来的二手房，性价比很高，业主准备明天跟其他人面谈了，但是我觉得这套房非常适合你，你晚上可以出来看一下，买不买没关系，这套房值得一看。"

新房也是一样,我们可以给客户发信息:"王姐,我们公司刚代理了××项目,今天推出了 10 套特价房,明天下午您有没有时间?咱们一起看一下这个项目,比上次您看的那个项目总价便宜 20 万元呢!"

我们要提供差异化的服务,如果你跟别的经纪人没什么不一样,客户忽视你就很正常。

当然,我们要有锲而不舍的精神。客户拒绝一次,没关系,继续约;拒绝两次,也没关系,继续约。作为经纪人,不能轻言放弃,客户越是处于观望期,我们越要打好持久战,争取最终的胜利。

2. 高手邀约客户看房的三大技巧

2023 年"五一"假期时,我打算在广州买一套公寓注册公司,当时想买二手的,因为我想年底就搬进去。

我在贝壳、安居客上联了几位经纪人,让他们帮我找房。有很多经纪人约我看房,但是我发现他们的邀约话术太差劲了。

大部分经纪人会问我"米先生,您有时间吗?我这里有一套房子,要不要出来看看",然后给我发一些房源信息。有的经纪人把佛山公寓的信息发给我,还是新房,我只好回复:"我下半年要注册公司,你给我发佛山的期房公寓干什么?我在广州!"

有一位经纪人的话术真的让我很吃惊,甚至让我觉得有点不好意思,我就真的出去跟他看房了。他是这么说的:"米老师,我知道您'五一'假期忙,我给您做了两个方案。"

注意,这里有两个关键点。第一个关键点,他称呼我米老师,这说明他做了功课,知道我是讲课、做咨询、做培训的老师。"米老师"这个称呼一下子拉近了我与他之间的距离,让我有一种莫名的亲切感。第二个关键点,他跟我说他做了两个方案,是方案,而不是房子!

他知道我要注册公司,我要买公寓办公,甚至有时候要接待一些客户,于是抓住了这些需求,给我做了两个方案。第一个方案是在广州黄埔区的黄埔仓公寓楼，有很多咨询公司在这里，总价跟我之前给他的预算差不多，而且靠近我家，通勤比较方便。第二个方案是在广州天河的智慧城，那里有一个万科米酷，米酷是地铁口附近的一个大型商业综合体，地段更好，周边全是创业基地，未来流通会更加容易。

他还给我拍了视频，边拍边讲解。他最后说："米老师，我知道您忙，如果您没有时间，哪天方便咱们就打一个视频电话，我在视频里给您讲解一下。"

他的这套动作真的让我觉得他用心了，他约我并不是让我看房，而是给我做了完整的方案，帮我解决问题。他处处替我着想，他并没有问"您现在有没有时间出来跟我看看房子"，而是把视频拍好了发给我，还约我打视频电话做详细的讲解。

结果，第二天我就跟他去看了房子。

通过上面这个案例，我总结了高手邀约客户看房的三个技巧。

第一个技巧：使用客户觉得舒服的称呼

客户是做什么的，客户喜欢怎么被别人称呼，我们就怎么称呼客户。客户是老师，我们就叫客户老师；客户是大夫，咱就叫客户大夫；客户是教授，我们就叫客户教授；客户是企业高管，咱就叫客户某某总。

使用客户觉得舒服的称呼，能快速让客户对我们产生好感。

第二个技巧：带着方案跟客户沟通

客户找你买房，其实要的是你的方案。

房子的地段、配套、优点与缺点，以及房子跟客户的匹配度，都是我们在方案里要明确的东西，这才是经纪人的价值所在。

第三个技巧：销售的味道不要太重

我们跟进客户的目的是帮他们解决问题，客户愿意出来看房，我们就和客户一起去看房，客户不愿意出来看房，我们就通过别的形式帮他们解决问题，拍视频、视频聊天都可以。

邀约客户看房，千万不要只发一堆文字，更不要发那些根本不适合客户的房子，否则客户会认为你根本没把他的事情放在心上。你对客户的事情不上心，客户又怎么会愿意配合你呢？

3. 邀约客户看房的话术和策略

邀约客户看房，其实就是给客户一些跟你去看房的理由。

很多经纪人用下面这些话术邀约客户看房：

- 要买房子吗？
- 什么时候有时间？
- 有时间联系我。
- 跟您说一个好消息。
- 周五还是周六有空？

这些话术都太冰冷了，销售的味道太重，好像是在强迫客户出来看房。

正确的邀约方式应该是什么样的呢？

我们先梳理一下客户跟我们出来看房的理由：

- 理由一，了解市场行情；
- 理由二，现在有合适的产品；
- 理由三，对比一下产品；
- 理由四，带家人一起看看；
- 理由五，感受一下某小区生活是否方便；
- 理由六，一起吃个饭，顺便看房；
- 理由七，某项目有特价房或搞活动了；
- 理由八，帮别的客户收房，正好一起去看看。

大家可以根据实际情况，从这八种理由中找出合适的理由，用最合适的切入点向客户发出邀约。

邀约客户的策略多种多样，下面是四种比较常见的策略。

（1）击中痛点

客户不买房心里总惦记，买了房才安心，但客户又下不了决心出来看房、买房，如果遇到这种情况，就可以用击中痛点这个策略发出邀约。

对于刚需型客户，尤其是想买房的租客和希望获得学位的客户，我们可以使用这种策略。

🏠 案例 1

李哥，听说您现在住的那个小区租金又涨了，赶紧下手买房啊，要不然月月帮房东还房贷也不是个事儿啊！我昨天刚拿到一套性价比非常高的房子，您现在的租金完全可以抵月供了。

🏠 案例 2

赵姐，这两天看房的特别多，我建议您早买，孩子上学非常重要，做父母的都希望给孩子最好的。我手上刚拿到一套低首付的房子，您明天上午有没有时间？出来看看吧。

（2）损失厌恶

损失厌恶是指人们面对数量相同的收益和损失时，认为损失更难以忍受。

如果客户认为你推荐的房子确实不错，自己不买，很可能就被其他人买走了，就会觉得自己面临潜在的损失，就更愿意跟你出来看房。

对于之前因为犹豫而错失优质房子的客户，我们可以使用这种策略。

🏠 案例 1

王姐，我们这边刚出来一套房子，非常符合您的要求，您现在有时间过来看房吗？我的好几个同事已经在约客户了。

🏠 **案例 2**

李哥，今天看房的人很多，有的客户已经和业主谈了好几次，还有客户要求业主不让别人看了。您赶紧来吧！上周您看的那套房，同事的客户已经买了，成交价比我报给您的价格还贵 5 万元。

（3）投其所好

对于之前跟我们看过房、提出过各种问题的客户，我们要提炼客户的需求，匹配合适的房源，再次邀约。

🏠 **案例 1**

王叔，上次带您看完 ×× 小区的房子，您说价格超出预算，今天我们刚拿到一套 ×× 小区的房子，总价比上次看的那套低 12 万元，户型和朝向不比之前那套差。我还没发给别的客户，您下午有时间看一下吗？您要是不感兴趣，我再发给其他客户。

🏠 **案例 2**

刘姐，上次看完 ×× 小区的房子，您说想找个楼层高一点的，今天我们刚拿到了一套高楼层的房子，价格跟上次那套差不多。今天下午 5 点业主有时间过来开门，现在已经有四批客户约好去看了。您要不要看一下？

（4）新房优惠

对于只买新房的客户，我们可以通过强调优惠吸引他们出来看房。

🏠 **案例 1**

王叔，最近我们公司刚代理了一个新房项目，首付 20 万元起，可以买到市区核心地段的大三居。您明天上午有时间吗？我接您过来看一下。

🏠 **案例 2**

张哥，今天我们公司刚代理了一个准现房新盘，年底交付。我现在就在这里，已经有业主陆续入住，开始装修了。项目非常不错，我给您拍一个视频看看。您明天上午方便吗？我接您过来看看。

---

4. 邀约客户看房前的注意事项

邀约客户看房不是打一个电话，等客户来了以后一起去看房这么简单。

邀约客户看房前要做好准备工作，准备得越充分，效果越好。

邀约客户看房前要注意以下三个事项。

（1）做好实勘

邀约客户看房之前，要先对房源做一次实勘，因为客户接到你的邀约后通常会问一些关于房子的问题，如果你没有实地看过房子，就很难回答。

自己看过房子，跟客户讲起来就更生动，邀约时也更有底气。

（2）确定房子的底价

邀约客户看房之前，先确定房子的底价，尤其是二手房。有可能业主刚调了价，但还没有跟你说，万一客户当场问价，你说不上来或说错了，就会很尴尬。

此外，新房的折扣政策经常变化，如果客户问你最新政策，你答不上来，客户可能就不跟你出来看房了。

（3）提前演练

邀约客户看房前一定要做演练，尤其是电话邀约，把相关话术都演练好，提前想好客户可能会问哪些问题，自己该如何回答。

最好的办法是找一个同事，其中一个人扮演客户，另一个人扮演经纪人，在演练的过程中把应对话术都记录下来。演练好之后再邀约客户看房，成功率就会高很多。

|第50讲| 私域客户的带看

带看是房地产中介服务过程中最关键的环节之一，也是距离成交最近的环节，还是经纪人最难把控的环节。

带看并非只是把客户带到房子里面看一下，这个环节可以细分为房源匹配、客户邀约、带看前的准备、带看中的服务、带看后的异议处理等阶段。

1. 带看的流程

带看是一个分步骤的动态过程，整个带看过程要完整，才会有转化。

带看可以分为以下三个流程。

（1）带看前的准备

如果客户同意出来看房，经纪人一定要做好准备，尤其是第一次带看，要做好规划，还要对客户需求进行深入分析。

带看前要确定带看时间、带看地点、带看顺序、带看工具、带看话术、带看方案等。只有准备充分，带看的时候才能应对自如。

（2）带看中的服务

带看过程也是经纪人确认客户的真实需求、让客户对自己产生信任、促成交易的过程。

带看中的服务包括商圈剖析、房源讲解、答疑解惑、需求挖掘等，每一项服务都关乎客户对我们的信任。

带看中的服务做得好，就能让客户对我们产生信任感，而这种信任感是促成交易的金钥匙。

（3）带看后的反馈

带看结束之后，一般会有三种情况——客户喜欢、客户考虑、客户不喜欢。不管是哪一种情况，经纪人都要及时了解客户的意向，做出相应的反馈，并做好下一步的跟进计划。

2. 带看周期

正常来说，要想成交，至少要做三轮带看。

第一轮：首看

首看就是第一次带客户看房，第一次带看的目的主要是试探，试探客户的预算、需求及迫切程度。

不管是电话沟通还是微信沟通，都没办法准确判断客户的需求，首次带看给了我们跟客户互相了解的机会。

第二轮：复看

复看分为两种情况，一种是客户第二次看某套房子，另一种是客户跟经纪人第二次看房，看的是第一次没看过的房子。

如果客户是第二次看某套房子，说明这位客户已经看中了，正在考虑要不要买这套房子。而且，复看的时候，客户往往会叫上亲朋好友一起看。如果没有什么重大的异议，接下来就会进入议价环节。

如果客户是第二次跟经纪人看房，看的是第一次没看过的房子，客户的需求会更加明确。

复看的主要目的就是缩小房源的选择范围。

第三轮：再看

再看就是进一步地复看，目的是锁定房源。经过了前面几轮的带看，经纪人已经基本锁定了客户的需求，再看的目的已经非常明确了。

客户看中之后，接下来就会进入议价环节。

2017—2020 年，我在广州裕丰地产做后勤总监的时候，对带看成交比做了长期的跟踪和统计，样本有 400 人，跟踪时间为 3 年。

下面分享一些统计数据：

● 租赁业务，平均每带看 7 组客户成交 1 单；

● 二手房买卖业务，平均每带看 12 组客户成交 1 单；

● 新房业务，平均每带看 10 组客户成交 1 单。

当然，有的经纪人水平高一点，有的经纪人水平低一点，但不管水平如何，经纪人都要接受一个现实：带看的客户不是每一个都会成交，也不是每一次带看都有机会成交。

在实际业务中，带看可以分成首看、二看、三看及三看以上，我们必须把整个带看过程拆解，带看不是"一锤子买卖"。正常来说，带客户看三五次房子，看十套八套是非常正常的，毕竟房子是动辄价值几百万元甚至上千万元的商品，哪能看一两套就立即成交。

每次带看，我们都要达成不同的目的。首看时，我们要探究客户的需求、缩小客户的选择范围、拉近客户与自己之间的距离。我们要通过观察客户看不同房子时不同的反应，为客户重新匹配房源，为二看做好铺垫。

二看时，我们要确定客户的需求。上次带看时客户提出了很多要求，对产品提出了很多问题，我们根据这些反馈找到了更合适的房子。二看的时候，我们要仔细观察客户的反应。正常来说，二看之后我们基本就可以明确客户的喜好，锁定板块、小区甚至户型，为三看时成交做铺垫。

三看是最关键的一次带看。经过前面几次带看，我们已经深入掌握了客户的具体需求，因此再次带看就不是试探性的了，会非常精准。对于第三次及以后的带看，我们必须做好成交的准备。如果看的是新房，客户多半会要求给一些折扣，锁定两三个楼盘备选，这时就会涉及房屋、价格及成交周期的谈判。

在带看环节，经纪人一定要保持耐心，每次带看都要做好规划，达到预期目的，为最终的成交做好铺垫。

3. 房源匹配

根据我的经验，客户大致可以分为以下两类。

第一类客户的目标非常明确，会明确指出要买哪个小区、什么价位、什么户型的房子。

这类客户往往已经看过很多房子了，也认识很多经纪人，目标和预算都比较明确。如果遇到这类客户，经纪人没有太多帮他们选择的余地，必须结合客户的需求匹配合适的房源。

第二类客户没有买过房，也不知道该怎么选房。如果遇到这类客户，经纪人要从以下三个维度帮客户匹配房源。

（1）价格

在客户的预算范围内到底能买到什么样的房子？如果客户跟我们说"你先帮我找房子，钱不是问题"，我们也不问问预算到底是多少，就不可能找到合适的房源。

（2）客户的核心需求

客户买房到底是为了什么？为了孩子上学，为了老人养老，还是为了上班通勤？客户总会有一个核心需求，我们帮客户匹配房源时一定要围绕客户的核心需求。

（3）优先级

正常来说，经纪人要根据客户的预算及核心需求，先选区域，再选商圈，最后选小区，选出两三个小区后，让客户做最终的选择。

选好小区之后，才能选具体的房子，这时要考虑楼层、户型、朝向等因素，所以无法绕过预算这个问题，因为户型好、朝向好的房子价格一定会高一些。如果客户嫌价格高，经纪人就必须从客户的核心需求出发，只要有一套房子能满足客户的核心需求，价格又在预算范围内，房子本身也没有什么大问题，经纪人就可以促成交易了。

在客户犹豫不决时，经纪人要帮客户做决定，因为客户找经纪人买房，不仅是因为经纪人手上有很多房源，更重要的是经纪人更了解市场和产品，能在关键时刻提供关键建议。

4. 带看前的准备工作

带看前要做的准备工作主要有以下几项。

（1）根据客户需求匹配合适的房源（至少3套）

一定要结合客户需求匹配合适的楼盘，千万不能欺骗客户。

比如，客户想买总价为200万元的电梯房，就不要带他看总价为300万元的房子，宁可不带看，也不要看根本不适合客户的房子。客户愿意出来看房已经很有诚意了，带客户看不合适的房子只会引起客户的反感，下次很可能就不会再出来看房了。

在帮客户匹配好房源后，经纪人要亲自去看一下。至少准备3套房源，只看1套，客户根本没感觉，多看几套，对比一下，客户才知道自己想买什么样的房子。

（2）跟业主和客户约好时间

如果经纪人手上没有房子的钥匙，需要业主开门，或者房子里面还有租客，就要提前约好开门时间。

让客户等业主、让业主等客户、让业主和客户等经纪人都不合适。如果经纪人连时间都协调不好，业主和客户就会觉得经纪人很不专业，经纪人很难有机会弥补。

（3）提前确定看房路线

客户买房不仅买房子本身，还买地段、配套、交通、物业等。确定房源、约好看房时间之后，经纪人要设计看房路线，从哪里接客户、走哪个门进入小区、进小区之后如何在路上展示小区环境及配套都要事先想清楚。带看路线应尽量避开同行门店，尽量走环境较好的路线。

如果是新房，经纪人要提前在项目周边转一圈，只有这样在带看的过程中才能给客户讲解地段及周边配套情况，让客户对这个项目有更深入的了解。

（4）了解房源细节

小区有几栋楼，周围的生活配套如何，地铁站、公交站在什么位置，有无车库，物业费怎么算等关于小区的细节情况都要提前了解清楚。

房龄、房屋面积、卧室情况、客厅情况、层高、进深、承重墙等关于房源的细节情况也要提前了解清楚。

（5）列出客户可能提出的问题，准备好答案

诚心买房的客户一定会提出各种各样的问题。经纪人在带看之前一定要列出客户可能提出问题，准备好答案。

客户可能提出的问题包括：

- 距离小区最近的地铁站在哪里？
- 小区附近有哪些中小学？
- 小区里面的住户外来人口多还是本地人口多？
- 小区物业是否提供 24 小时巡逻服务？
- 小区里面有没有幼儿园配套？

问题回答得越详细、越清楚，越能赢得客户的好感和信任。

5. 带看中的服务

（1）提前 10 分钟到达约定地点等待客户

约好看房时间后，经纪人一定要提前一天提醒一次客户，看房当天提醒一次客户。

经纪人要提前到达约定地点，并给客户发消息，提醒客户自己已经到达，这样客户会觉得自己很受重视，也会尽量准时到达。

如果客户临时有事，不能按时到达，一定要确定客户到达的具体时间，同时跟业主联系，向其表达歉意。

（2）接到客户后，提前讲解房子的情况

接到客户后，简单寒暄几句之后，开始跟客户讲解房源。先讲区域，再

讲商圈和配套，进入小区后再详细介绍房源。这样做的目的是让客户先有一个大体的印象。

即使之前已经给客户发过视频、图片等，经纪人还是要尽量多讲一些，毕竟视频和图片难以涵盖所有细节。

经纪人在讲解的时候，一定要站在客户的角度，比如：

- 您住进来以后，去菜市场只需要3分钟；
- 楼下有一个大花园，您和您太太晚饭后可以去花园散步；
- 如果您喜欢逛街，小区对面就有一个大型商场；
- 这套房子有一间书房，像您这种商务人士，有一间书房就可以在家处理工作了；
- 主卧是正南向，还有一个大阳台，您可以在阳台做榻榻米，周末的时候晒晒太阳。

站在客户角度讲解，客户会非常有画面感。

（3）看房过程中的注意事项

经纪人要客观看待客户提出的房子的不足之处，站在客户角度看问题，想办法从另一个角度说服客户，而不是一味地强调房子有多好。

经纪人保持客观公正的态度更能赢得客户的信任，并展示出自身的专业素养。

（4）服务到位

带看的过程也是服务的过程，经纪人要注意以下服务细节：

- 在上楼、下楼的过程中或看样板房的时候，提醒客户注意安全；
- 在谈话过程中帮客户倒水；
- 关注客户的需求，随时提供服务；
- 准备好认购书等资料，以便客户使用。

6. 带看后的反馈

在带看的过程中，经纪人要判断客户是否满意，如果客户不满意，最好当场问客户对哪里不满意。一般来说，看完三套房子之后，就能了解客户的大致需求。

在带看结束后的当天晚上，经纪人要打电话对客户进行回访，询问客户对当天看的几套房子的看法。经纪人也要做出专业分析，提出建议。

除了对客户进行回访，经纪人还要给业主打电话，反馈这次看房的情况。

｜第51讲｜ 市场行情观

议价谈判是房地产中介业务中的最后一个环节，也是最重要的一个环节。到了这一步，一旦出错，可能会导致前功尽弃。

议价谈判并不是单独存在的，而是依附于整个房地产中介业务。

业主挂牌的时候需要议价，客户看完房子需要议价，客户看中房子需要议价，同行争取这套房子也需要议价……议价是随时随地发生的事情。

尤其是当业主挂牌时，经纪人要把价格谈到能成交的合理范围内，如果挂牌价格高于市场价，这套房子就很难有成交的机会。

以广州为例，目前二手房挂牌量超过20万套，根据广州市房地产中介协会发布的信息，2023年第三季度广州二手房网签量是24796套，第三季度广州平均每月二手房成交量为8265套。挂牌成交比是24：1。也就是说，每月挂牌24套，成交1套。

在这种行情下，供过于求，价格肯定要下调。这就要求经纪人对价格十分敏感，并具备一定的议价能力。

议价能力来源于房产经纪人的基本能力——判断市场行情的能力，我称

之为市场行情观。

市场行情观，就是经纪人对整个城市的房地产市场走势的判断，以及做出这种判断所参考的市场数据体系。

经纪人掌握了可靠的市场数据，在跟客户沟通的时候就显得很有底气。

这里所说的市场，可以细分为两块，一块是大市场，另一块是小市场。大市场是指整个城市的房地产市场；小市场是指某个小区或某个新房项目。

1. 大市场

对于大市场，经纪人需要收集以下三类信息。

信息1：成交量与成交价

在过去的一个季度或半年，整个城市的新房成交量、二手房成交量、新房成交价、二手房成交价到底呈现出什么样的走势？这些数据可以在网上找到，大部分数据是公开的，即使不公开，只要跟同行、开发商交流一下，也能做出大概的判断。

如果主做二手房，找几个做相同板块的同行交流一下，就能推算出一个月的成交量大概是多少、成交价的走势如何。

信息2：新房和二手房的供应量

经纪人要汇总整个城市当前有多少个新房项目、供应量有多少，未来半年有哪些新项目开盘、供应量有多少。经纪人还要了解最近有哪些板块的二手房挂牌量激增。供不应求的时候，价格会上涨；供大于求的时候，价格会下降。

如果未来一个月有10个项目开盘，平均售价都涨了一些，那么这段时间的房价，无论新房还是二手房，都会呈现涨势。反过来，如果新开盘的项目价格一个比一个低，都在打价格战，这段时间的房价一定是起不来的。

信息3：房地产市场相关政策

房地产市场相关政策有很多，包括限购、限价、限售、限贷政策等，还包括利率、公积金、补贴、税费政策等。这些政策对成交量有什么影响，经纪人一定要了解清楚。

2. 小市场

分析小市场主要有两个作用：一是帮助业主精准地确定挂牌价；二是让客户知道，以目前的预算能不能买到这个小区的房子，或者以目前的预算能买到哪个小区的房子。

对于小市场，经纪人需要收集以下三类数据。

数据 1：挂牌量和挂牌价

经纪人要了解最近半年这个小区的挂牌量有多少，挂牌价在什么范围内。了解了挂牌量和挂牌价之后，还要判断这个小区未来一段时间的成交情况。

如果这个小区的挂牌量大，而且价格降得比较多，议价空间就比较大；如果这个小区的挂牌量小，而且价格还在增长，甚至供不应求，议价空间就比较小。

数据 2：成交量和成交价

看挂牌量和挂牌价只能了解整体情况，接下来要看到底成交了多少套，成交价是多少。成交量和成交价是非常关键的数据，也是经纪人说服客户和业主最重要的依据。

数据 3：带看量

经纪人要想办法统计这个小区最近一个月的带看量有多少，甚至某套房子最近一个月的带看量有多少。通过了解带看量，我们可以知道到底有多少客户关注这个小区或这套房子。

如果带看量高，说明这个小区或这套房子的热度高，在定价方面比较有优势；如果带看量低，说明这个小区或这套房子目前很难成交，业主需要进一步下调价格，否则连看房的人都没有，更谈不上成交了。

市场行情观不是一两天就形成的，经纪人至少要在这个行业里面干满一年，才能深刻地理解这些数据，才能找到搜集这些数据的渠道。

其实，最简单的办法就是多跟同行交流，多跟同事聊天，多上网搜集一些相关数据。当这些数据印在你的脑海中时，当这些数据被你挂在嘴边时，你就能更轻松地赢得客户和业主对你的信任，因为客观的数据最有说服力。

房屋定价报告如表 4-1 所示。

表 4-1　房屋定价报告

房子基本情况	面积	户型	朝向	楼层	装修	购入时间	购入价格
市场数据分析	月份	挂牌量	挂牌价	成交量	成交价	挂牌成交比	平均成交周期
	6 月						
	7 月						
	8 月						

同类竞品分析	目前小区同类房源 _____ 套，最近一个月带看 _____ 套，成交 _____ 套					
	同类有带看房源分析					
		楼栋	楼层	面积	装修	总价	均价
	同类房源 1						
	同类房源 2						
	最近成交房源价格					
		楼栋	楼层	面积	装修	成交价	成交均价
	成交房源 1						
	成交房源 2						
	目前板块内新房价格					
	楼盘名称	开发商	主力户型	总价	均价	目前优惠
	房源实勘分析：					
	优势：					
	劣势：					

｜第52讲｜ 五段式议价

做过二手房业务的经纪人都知道，二手房经纪业务有一多半的工作都是围绕着业主展开的，只有把业主的出价谈到能成交的范围内，与市场价持平甚至低于市场价，议价才算是有成果。如果你不能把价格谈到合理的范围内，成交的难度就会非常高。

前面讲的市场行情观能帮助我们掌握大市场、小市场的价格体系，但具体议价的时候，仍需要掌握一定的技巧。

下面重点介绍一下五段式议价。这种议价方法来源于房地产中介公司——信义房屋，经过多年的发展和演变，现在成了经纪人跟业主议价最重要的方法之一。

五段式议价，简单来说就是通过五个步骤把业主的出价谈下来，谈到能成交的范围内。

第一步：描绘客户

如果你手上没有客户，就不要跟业主议价。当你手上有客户看房的时候，这也是业主对你最感兴趣的时候。有了客户再找业主议价，这是最基本的原则。

第二步：提问

提问，就是结合客户的需求，以客户的口吻问业主一些问题，比如：

- 最近房子是否有人看；
- 是否有人出价，价格是多少；
- 是一个人签合同还是夫妻一起签合同，决策人是谁；
- 是否需要借用客户首付款还清剩余贷款；
- 房子挂出去多久了；
- 卖房的具体原因是什么；

- 如果打算换房，是否已经看好了要买的房子；
- 首付有什么要求。

提出这些问题的目的是争取调价的空间。比如，业主的报价是 130 万元，按目前的市场行情，130 万元很难卖掉。如果你直接跟业主说，业主多半不会相信，也不会调价。

有了客户，替客户把这些问题提出来，甚至让业主知道客户看的别的房子条件差不多但价格更便宜，或者楼层更好、装修更好但价格同样是 130 万元，业主才会知道真正的市场行情并愿意调价。

第三步：跟业主要价

向业主描绘了客户，顺便把客户的问题提出来之后，就要让业主出一个价，也就是跟业主要价。

这时，业主一般会说："既然有客户看房了，也提出问题来了，我就重新报个价吧。我原先报 130 万元，现在报 128 万元，降 2 万元。"

当我们跟业主要价、业主第一次重新报价的时候，我们一般要拒绝。比如，我们可以说："128 万元？不太可能啊！上周您这栋楼刚卖出去一套房子，户型和装修都差不多，才卖了 124 万元。"

业主第一次重新报出的价格往往不是业主的心理底价，还有机会再往下谈谈。我们要努力争取让业主第二次报价，这个价格一般更接近业主的心理底价。

第四步：给价

业主第二次报价，我们一般也不要轻易答应，我们要争取更大的议价空间，这时业主一定会反问我们客户的出价。比如，业主可能会问："那你说说，你的客户愿意出多少钱？"

这就是我们给价的时候。

比如，业主第一次重新报价报了 130 万元，我们跟业主讲有一个客户看中了这套房子，问业主价格能不能再降一点，业主调价到 128 万元，我们立即拒绝，说 128 万元成交是不可能的，业主说最低 126 万元，不能再低了，能卖就卖，卖不了就算了。

这时，我们要给出一个我们认为能成交的价格。比如，我们可以跟业主说："126 万元也很难成交，我个人觉得 124 万元是比较容易成交的。"业主报 126 万元，你报 124 万元，双方聊来聊去，最终可能会各让一步，谈出一个折中价——125 万元。

这个过程是反复进行的，业主报一个价，你报一个价，他说他的理由，你说你的理由，最终双方要达成共识，把价格谈到一个相对合理、有可能成交的范围内。

第五步：收尾

双方协商谈好价格之后，就进入了第五步——收尾。

收尾实际上就是要跟业主确认一件事——刚才谈好的价格就是成交的价格。

比如，我们跟业主把价格谈到了 125 万元后，要让业主给我们一点时间，在这段时间内不能把这个价格报给其他人。如果业主跟其他经纪人也报 125 万元，可能其他经纪人的客户很快就会成交，你前面做的这么多工作就都白做了。

但是，我们怎么让业主配合呢？当然也是有办法的。

比如，我们跟业主把价格谈到 125 万元以后，可以要求签独家委托协议；不签独家委托协议也可以，但业主要承诺不把这个价格报给别人。作为回报，我们在一段时间内重点推这套房子，在各种平台投放更多的广告推这套房子。

如果业主接受这样的安排，我们就全力推这套房子，尽快成交；如果业主不接受，我们可以把这套房子当成普通房源去推。注意，如果业主接受了，一定要切实履行承诺，尽快把这套房子卖出去，因为一旦价格低于市场价，即便你卖不掉，别人迟早也能卖掉。

议价是双向的、平等的，我们不可能让业主持续地单方面降价，我们也要向业主提供对其有利的条件，如果能谈成，就主推业主的房子，谈不成也没关系，以后继续谈。

议价很少有一次谈好的，一般都要经历好几轮，只有反复拉扯，才能把价格谈到一个能成交的范围内。

第53讲 | 如何与买方议价

目前全国大部分城市都是买方市场，买方占主导地位，买方砍价、还价是非常正常的，与买方议价是经纪人必须掌握的技能之一。

下面先看一个案例。

经纪人小王碰到了一个难题，有一套房子，业主的报价是86万元。有一位客户看中了这套房子，问小王能不能把价格谈到83万元，能谈下来就买。

小王费了好大的力气才把价格谈到了83万元，客户听了却问能不能再谈一下，谈到80万元。小王蒙了，不知道该怎么面对业主。

这是很多经纪人容易陷入的误区。

面对客户砍价，经纪人要做的是先试探客户是不是真心实意要买这套房子，如果他真心实意要买，帮他议价没什么问题。但是，如果客户根本没看上这套房子，或者只想捡漏，没那么着急买房，就随口说让经纪人去砍价，经纪人真的帮他砍下来之后，他还是不买，这时经纪人就很难办了。

要想判断客户是不是真心想买这套房子，经纪人可以直接说："您要是真心想买这套房子，就交一下诚意金。交完诚意金，我马上帮您谈价格。"

如果客户不交诚意金，就说明客户还有所保留，并没有完全看中这套房子，经纪人要继续跟进。

很多经纪人都会遇到这种情况：出价就差2万元，买卖双方都不让步。

这时该怎么办?

我推荐以下三个策略。

(1)分析市场

拿出真实的市场数据,告诉客户这个小区相同或相似户型的房子最近 3 个月的成交价在什么范围内,这套房子的性价比已经非常高了。

在业主实在无法继续降价的情况下,经纪人要通过分析市场、亮出数据等方式,让客户有信心去买这套房子。

(2)引入竞争者

一位客户同时看多套房子、一套房子同时有多位客户在看的情况十分常见,经纪人可以根据实际情况引入竞争者,说服业主或客户让步。

比如,经纪人可以告诉业主,客户也在看别的房子,户型差不多,价格却更低,以此说服业主进一步降价。

经纪人也可以告诉客户,别的客户也在看这套房子,也在谈价格,而且有的出价还比较高,以此说服客户适当地提高出价。

引入竞争者这个策略可以同时应用于买卖双方,哪方先松口,就重点做哪方的工作。

(3)直接见面谈

有时候,买卖双方一见面,可能因为是老乡、同学、同姓或有共同经历等,会觉得挺有缘分的,愿意各让一步,双方就很有可能成交。

遇到买卖双方出价只差两三万元这种情况,经纪人千万不能着急,要么通过分析市场说服客户,要么引入竞争者,做买卖双方的工作,要么直接把买卖双方约出来见面,这三种方法都有可能破局。

很多经纪人也会遇到这种情况:双方好不容易谈好了价格,但业主突然"反价"(反悔谈定的价格)。这时该怎么办?

业主反价主要有以下三种情况。

（1）业主在试探价格

比如，业主没那么着急卖房，先报 60 万元，看看经纪人能不能找到客户，结果经纪人找到客户了，客户能出 60 万元，业主就顺势涨价到 65 万元，客户愿意出 65 万元时，业主进一步涨价到 68 万元。

为什么业主会这么做？因为业主并不着急卖房，他只想看看自己的房子到底能卖多少钱。

（2）竞争对手在搅局

有时候，当竞争对手知道你有客户已经开始跟业主议价时，就会私下联系业主，目的是搅局。

比如，竞争对手得知业主跟你的客户议价，可能会给业主发消息："我这边有出价更高的客户，您先别签，等我一个星期，我的客户从外地回来就跟您签。"

很多业主收到这类消息之后一定会涨价，因为多等一个星期就能多卖几万元不也挺好吗？

（3）业主知道了买方的底价

很多经纪人在跟业主议价的时候，一不小心就把客户的底价告诉了业主，比如，业主知道客户最高能出 90 万元之后就把价格咬死在 92 万元，因为他觉得买家加 2 万元的可能性是很高的。

如何应对业主"反价"？我推荐以下三个方法。

（1）能签独家委托的房源一定要签独家委托

即使拿不到独家委托，也要跟业主达成协议，客户出价达到商定的价格时必须成交。如果业主不遵守约定，经纪人以后就再也不推业主的房子了。

签独家委托协议当然是更保险的做法。

经纪人一定要对接靠谱的业主，一定要有可控的业主和可控的房源，能控制的就全力推，控制不了的谈都不用谈，除非客户指定要买这套房子。

（2）降低预期

我们在跟业主谈客户的情况时要适当地降低业主的预期。比如，客户的底价是 90 万元，如果经纪人一上来就说"这位客户能出 90 万元"，业主就知道了客户的底价，肯定不会出低于 90 万元的价格，这一单直接就谈死了。

事实上，几乎没有客户会允许经纪人这样跟业主议价，在绝大部分情况下，客户都会预留出谈判的空间，要求经纪人报一个低于 90 万元的价格，如 85 万元。经纪人可以跟业主说："这位客户能出到 85 万元，如果您诚心卖，我就把客户约出来，你们见面聊，行吗？"只有适当地降低业主的预期，价格谈判才能比较顺利地进行下去。

（3）及时转推其他房子

如果业主突然"反价"，把价格涨上去了，客户那边知道以后肯定很不开心，我们一定要提前备好对比房源。给客户配盘的时候，千万不能只配一套，尽量配两三套，如果当前这套真的谈不下来，赶紧转推其他房源，把客户的目光转向另外一套房子，启动第二方案，也有机会成交。

| 第 54 讲 | 三方谈判技巧

很多经纪人一跟业主、买方做三方谈判就蒙了，不知道该怎么谈。

实际上，从三方谈判到成交是有一定的概率的，并不是所有的三方谈判都能走向成交。

三方谈判有一定的技巧，只要把技巧运用到位，就可以提升成交的可能性。

其中非常重要的技巧之一就是降低双方的预期。

假设业主的底价是 120 万元，业主一般都会要求经纪人预留出谈判空间，不要直接跟客户说底价是 120 万元，而要跟客户说底价可能是 125 万元。经纪人可以建议客户最好跟业主见面聊聊，看看能不能帮他把价格谈到 120 万元。

与此同时，经纪人也要降低业主的预期。假设客户最高能出 120 万元，客户一般会要求经纪人不要直接跟业主说他能出 120 万元，而要跟业主说他可能只能出 115 万元。经纪人可以建议业主最好跟客户见面聊聊，看看能不能把价格谈到 120 万元。

向买卖双方报价非常讲究，既不能故意欺骗，也要留出一定的谈判空间，因为业主总怕卖亏了，客户总怕买亏了，总得留出折中的余地。

经纪人的工作就是撮合双方达成交易，因此谈出来的价格必须符合市场行情。但是，总有谈不成的时候。这时该怎么办？

谈不成没关系，第二天继续跟进。

就算没有谈成，经纪人也要告知业主："当前的市场行情如此，这位客户算是比较实在的了，而且出价也比较高，按您出的那个价格，现在想快速卖掉难度很高，您看看能不能再降一点？赶紧把手上的这套房卖掉，您才能早点置换更合适的房子。"

同时，经纪人要跟客户说："没办法，业主很强硬，这套房性价比很高，业主有底气卖这个价。您真心想买的话，就加点钱。要不您就降低一些标准，买一套稍微差点儿但符合预算的房子。您说呢？"

三方谈判谈不成不见得是坏事，因为这可以帮助业主、客户更了解目前的市场行情，为下一轮的谈判甚至下一轮的匹配打好基础。

第五篇

行业解读

| 第55讲 | 做房地产中介的最高境界是卖 IP

2023 年，我去全国各地巡讲，在现场提问环节，我被问得最多的问题就是："老米，现在房地产中介这个行业还能赚到钱吗？

我用一句很流行的话来回答："你只能赚到你认知以内的钱。"

任何行业都一样，如果你能清晰地认识行业的本质，就能赚到钱；如果你对行业认识不清，就很难赚到钱。

问这个问题的人，大部分都对行业认识不清晰，不了解行业的本质，恐怕是很难赚到钱的。

我认为，目前在房地产中介这个行业依然能赚到钱，而且它还是普通人能够实现"逆袭"的为数不多的行业之一。

我觉得，对普通人来说，除了考公务员，比较好的出路有两条。

第一条出路是去大型互联网公司，如字节跳动、阿里巴巴、腾讯、美团等。咱们先不说门槛的问题，现在互联网行业人才饱和，甚至有很多企业都在裁员，机会已经不多了。

第二条出路是做销售，卖客单价高、提成高的产品，产品价值越高，提成也就越多。

可能有人会说，创业也是一条出路。创业的成功概率其实很低，对普通人来说，这并不是一条好的出路。

因此，对普通人来说，选择不多，要想赚很多钱，要想快速翻身，只能做挑战性比较大的、难度比较高的工作。做房地产中介很难，难才说明这个行业有价值，我们才有赚取高薪的机会。

同样是做房地产中介，为什么有的人做得很好，一个月能挣几万元，而有的人几个月都成交不了一单？

这个行业很有意思，每个人做的事情看起来一样，但实际上是完全不一样的。

做房地产中介有三种境界，你看看自己属于哪一种。

（1）卖产品

卖产品就是卖新房、卖二手房、做租赁，你就是一个卖房的。

绝大部分经纪人都停留在卖产品这个层次，他们整天想的都是自己手上有哪些新房、有哪些二手房，拿到房源之后开始想客户是谁，然后通过线上、线下的渠道找到这些客户。但是，当他们触达客户时，客户问他们一些关于市场行情或相关政策的问题，他们很可能答不出来，或者答得不好。客户见到这种情况，就不跟他们成交了，跑去跟别人成交了。

单纯卖产品的经纪人一定是走不远的，因为转化非常困难。你懂产品，哪个经纪人不懂产品呢？这类经纪人的出路有两条，要么转做独家产品，也就是签下更多的独家房源，要么提升到更高的境界——卖信息。

（2）卖信息

卖信息就是目前市场行情是什么样的，你就能提供什么样的专业信息，通过专业信息打动客户，让客户认为你很专业，愿意跟你成交。

你知道在这个城市里应该买什么样的房，什么时候买房，以什么样的价格买房，买完房住进去之后大概会有什么样的居住体验，包括周边的学校和医院、生活设施、商业配套等，未来房价的走向如何，未来 5 年甚至 10 年应该怎么换房，买房周期应该怎么确定，你能在产品之外为客户提供更多的价值，解决客户的问题。这种经纪人一般做得都比较长久，而且比较容易成交，因为他们已经超越了单纯卖产品的境界。

（3）卖 IP

卖 IP 就是卖人格魅力，让客户觉得跟你成交是一种荣幸。

我见过的顶尖的经纪人都靠转介绍。经纪人要努力打造 IP，提升自己的人格魅力，通过言谈举止，通过与客户交谈，给客户带来不一样的感受。

当然，打造 IP 无法一蹴而就。即便是成功打造出 IP 的经纪人，也要不断打磨自身的业务能力，经历卖产品、卖信息这两个阶段，从大量机械重复的工作中总结出经验，提炼出适合自己的工作方法，慢慢地找到自己擅长的领域，并在这个领域里积累自己的核心资源。此外，他们还要敢于在网上发声，不仅要做好业务，还要有能力在网上表达自己、展现自己的专业形象。要想达到这个水平，最短也要三五年的时间。

要想打造出自己的IP，就要先通过一条条的短视频在公域流量池里树立良好的人设；人设立住了，就能吸引很多私域流量；服务好私域客户，就能在当地形成良好的口碑；有了口碑，就会有转介绍的客户；有了一批能够持续转介绍的老客户，良性循环就形成了，品牌效应也有了。

经纪人前期以卖产品为主很正常，但要注意了解市场信息，多和别人交流市场信息，多总结，尤其是成交量、成交价、挂牌量、挂牌价，以及当地房企拿地情况、新房供给情况、去化率等。

如果客户问你所在城市的房地产市场行情，你能做到对答如流，你就能积累一批铁粉，形成自己的口碑，转介绍的客户也会不停地出现。

客户会请你帮忙找房，业主也会请你帮忙卖房，你手上的资源越来越多，信心越来越强，服务能力上去了，个人魅力也就出来了，你就能达到更高的境界。

当你达到这个境界时，做起业务来就能得心应手。

第56讲 | 房地产中介行业的底层逻辑

房地产中介行业的底层逻辑主要有两个：**一是帮助业主解决资金问题，二是帮助客户解决居住和投资问题。**

（1）帮助业主解决资金问题

业主是二手房中介业务的生命线。

对业主来说，经纪人的价值就体现在帮助他们解决房屋出租、出售的问题。

房源的稀缺性决定了业主是经纪人工作的核心，经纪人只有赢得业主的认可和尊重，业主才会给经纪人独家代理房源的权利，即使不是独家代理，也会有一定的倾向性。

有了房源方面的承诺和控制权，经纪人才有机会通过房源吸引客户。

业主喜欢跟什么样的经纪人合作呢?

答案是：懂行情、懂服务、懂价值的经纪人。

懂行情，是指知道目前应该挂什么价格，同区域、同类型的房子挂什么价格（包括租金），为业主提供价格参考。

懂服务，是指在礼仪方面、交流方面给业主一种亲切、踏实的感觉。

懂价值，是指充分了解房源的独特价值，能够想办法帮助业主提升房源价值。

没有哪个业主觉得自己的房子很差，经纪人一味地贬低业主的房子，只会让业主产生反感，正确的做法是努力发现房源的价值，或者提升其价值。

比如，某业主新挂出来一套房，我会要求团队带着打扫卫生的工具去做实勘。任何房源，只要把卫生做好，把空间利用好，一定可以卖（租）个好价格。

实勘完毕后，我会根据房源的真实情况，向业主提出一些修缮建议，比如部分家具可以清理（更换）、门窗和地板需要修复等。我还会向业主强调，如果他接受这些建议，我有信心帮他卖（租）出什么价格。

这就是经纪人的第一个价值点——帮助业主解决资金问题，也就是把业主的房子卖（租）个好价格。

就目前的市场行情来说，要想让业主信任我们，甚至主动调价，就要用好一个非常重要的工具——抖音！

只要你的团队里有抖音达人，哪怕粉丝量只有几千，只要探盘视频的播放量能达到 1 万左右，业主多半就愿意配合你。这也是我一直强调做 IP 的原因所在。

（2）帮助客户解决居住和投资问题

经纪人接触到的客户，大致可以分为两类：一类是投资型客户，另一类是居住型客户。

在接触客户之后，我们要迅速判断客户属于投资型客户还是居住型客户，这两类客户的服务方式是不一样的。

投资型客户更看重房子的投资回报率。

这类客户希望用最少的钱买到升值空间最大的房子，如果你一直讲房子的使用价值和居住价值，他们可能根本不感兴趣。

相反，如果你跟他们讲房子的升值空间和投资回报率，他们就会非常感兴趣。

居住型客户比较复杂，可以进一步细分为刚需型客户、改善型客户和豪宅客户等，不同客户的需求也是不一样的。

一线、二线城市的刚需型客户非常看重性价比。低总价、低首付、低月供对这类客户的吸引力非常大。

改善型客户的目的十分明确，而且往往需要先卖掉手上的房子，才有资金去购买更大的房子。遇到改善型客户时，经纪人很容易一下子成交一买一卖两个单子。

豪宅型客户的数量相对较少，他们的需求明确，但交易周期一般较长。豪宅客户一般都比较豪爽，但对经纪人的专业水平和服务能力要求很高。

很多经纪人好不容易找到客户，但最后被客户"跳单"，搞得身心俱疲。为什么会出现这种情况呢？我认为这些经纪人并没有很好地体现自身的价值。

经纪人的价值主要体现在以下三个方面。

（1）信息价值

客户想在某个具体的商圈买房，经纪人要清楚地知道该商圈房源的挂牌量、成交价及最近的成交量。你只有提供十分精准的信息，客户才会相信跟你买房不会吃亏上当。

（2）资源价值

对客户来说，不是想买什么样的房子就能买到，往往需要通过经纪人找到合适的房子，而经纪人掌握的最有价值的资源之一就是房源。经纪人对自己门店的房源要非常了解，维护好跟每个业主的关系。只有这样，当客户找到你时，你才能跟业主能说上话，才有机会成交，房源的价值才能真正兑现。

同样的道理，对业主来说，也不是想卖房就能马上卖出去，往往需要通过经纪人找到合适的买家，而经纪人掌握的最有价值的另外一种资源就是有购房需求的客户。经验丰富的经纪人手上一般都有不少老客户，而且经纪人还可以通过广告端口做推广，寻找新客户。业主不太可能自己去开通广告端口，也几乎不会自己拍短视频在抖音上推销自家的房子。经纪人是专业人士，知道怎么帮业主把房源信息传播给有购房需求的人群，也知道怎么帮业主快速卖掉房子。

（3）服务价值

服务价值不仅体现在经纪人可以帮助业主、客户顺利成交，还体现在经纪人可以帮助客户找出真实的需求。有时候，客户并不一定清楚自己的真实需求是什么，经纪人需要帮他们做规划，比如先买一套两居室的房子过渡一下还是一步到位直接买三居室的房子。

对于未来的房价走势、月供金额等，经纪人要比客户还清楚，这也可以体现出经纪人的服务价值。此外，交易的安全性也是服务价值的重要体现。

现在有很多人认为，自己去开发商那里买新房跟通过经纪人买新房好像没有什么差别。我认为还是有差别的，这种差别不是体现在经纪人可以提供一些折扣，而是体现在经纪人知道这家开发商的实力如何，房子的交付周期大概有多长。我相信，绝大部分经纪人都是以客户为中心的，一定会帮助客户考虑交易的安全性。

作为经纪人，一定要不断提升自身的价值，不管是信息价值、资源价值还是服务价值，让客户切身地感受到你是一个专业的经纪人，通过你可以安全地成交。只有这样，你才能获得稳定的收入，并形成良好的个人口碑。

第57讲 | 成交的核心是聚焦

现在，经纪人如果不聚焦于特定的板块，不聚焦于特定的房源，就很难在房地产中介这个行业里生存。

现在大部分城市的房地产市场都在分化，不太可能出现普涨普跌这种状态了。

不管哪个城市，一定会有越来越好的板块，也会有越来越差甚至卖不出去的板块。

如果你现在守的是以"老旧小"为主、没有明显优势的板块，或者看不出未来有什么发展前景的商圈，不如早点放弃，去成交量大、有潜力的板块发展。

现在的客户认知水平越来越高，很多客户都喜欢刷短视频、看直播，听达人讲房地产市场行情，有些客户的水平可能比部分经纪人还高。如果经纪人没有核心板块、核心产品，可能连客户都说服不了。

在这种情况下，经纪人如何才能确保自己的水平比客户高呢？

答案是聚焦！

什么都做意味着什么都不专业。经纪人一定要有一个主打方向，有了主打方向，才能深入地思考客户遇到的问题、市场前景及投资渠道。客户跟你聊天，发现你非常懂行，成交的可能性才会高。

很多经纪人通过抖音、广告端口等确实联系上了很多客户，但是跟不过来，连一位客户都转化不了。

为什么转化不了？因为客户的情况太复杂了，找各板块、各类房子的都有，经纪人很难让客户对自己产生信任感，加上很多经纪人在客户眼中也不够专业，所以很多成交机会就白白浪费了。

现在做房地产中介，千万不要贪多，千万别奢望把整个城市的所有板块都搞懂，没有几个人能达到这样的水平。

只有聚焦核心板块、核心房源，你才能精准地获客。只有客户精准了，邀约、带看才会更加容易，成交的可能性才会更高。

如何做聚焦？关键步骤有以下三个。

第一步：选产品

针对新房业务，你要整理整个城市里面哪个区域、哪个楼盘卖得比较好，每个区域选两三个优质楼盘。对于这几个楼盘，你要比售楼处的销售人员讲得更好，客户提出的任何问题你都能解答，达到这种水平才算实现了聚焦。

针对二手房业务，要选那些成交量比较高的小区，尤其是次新房较多的板块，或者刚入驻的小区。你入驻早，积累资源也早，等这个小区成交开始活跃的时候，你已经占据了很大的市场份额。

第二步：重点推广

比如，我聚焦的是广州黄埔花园这个小区，那我就要做到在广告端口上，只要客户搜索"黄埔花园"，我的房源信息在搜索结果的前三页必须占到 70% 以上。换句话说，客户只要搜索黄埔花园的房子，搜到的房源信息大部分都是我发布的。

有人会说，做广告端口太花时间也太花钱了。

要想高效成交，必须投入，你不投入，怎么可能获得更多的精准流量呢？

做抖音也一样，假设我聚焦的是广州黄埔花园，我就直接把抖音昵称改成"广州黄埔花园老米"，天天别的不干，就发黄埔花园的相关信息，比如户型（如一居室、两居室、三居室），租赁的房源、出售的房源，小区的生活环境、周边配套，别的客户在这个小区买房的故事、这个小区业主卖房的故事。我每天只讲黄埔花园，目的只有一个：只要你找黄埔花园的房子，就一定会找到我。

达到这种程度的时候，聚焦这件事你就做到位了。

第三步：主推＋对比

做聚焦，一定要想好退路。也就是说，你通过聚焦房源吸引到客户以后，客户觉得房子不合适，你要想好怎么转盘，也就是让客户转向其他的房源。

经纪人要熟悉相似或可作为代替选择的小区，新房也可以。如果你聚焦的房源无法成交，就要及时转盘，这样才能真正把聚焦策略做活、做透。

|第58讲| 在小城市如何做房地产中介

三线、四线、五线城市的生活真的非常安逸，但是有一个很大的问题：外来人口比较少，购房群体就这么多。因此，很多小城市的经纪人并不清楚自己未来应该怎么发展。

在小城市如何做房地产中介呢？我有两个建议。

第一个建议是用好抖音。

在小城市做房地产中介在很大程度上要靠熟人，因为去陌生人群中获客是很困难的。但是，如果能把抖音用好，在抖音上面打造良好的人设，仍然可以获得很多的成交机会。

小城市有一个好处，那就是所有的房子你基本上都可以找到。相比于客户，房源是比较好找的。你只要在抖音上给这个城市里的每个小区做一下测评，给新房项目做一下测评，把你跟客户之间聊的话题拍成口播视频，顺便讲讲客户买房的故事，就可以把自己打造成一个非常专业的本地经纪人，这样获客就不成问题了。

有了客户就好办了，房源可以找别人合作，或者加入房源比较多的公司，看看能不能转化出更多的成交。

第二个建议是深耕老客户。

在小城市里，人际关系非常重要。经纪人找到一位客户，跟他成交了，然后跟这位客户保持良好关系，逢年过节走动一下，就很有机会获得转介绍的新客户。这时，经纪人可以适当地对老客户表示感谢。

在小城市不宜一味地拓展新客户，否则很容易忙活半天没有效果。

先把抖音做好，抖音做好了就可以获得优质的客户，和优质的客户成交了，维护好跟这些客户的关系，就可以多获得一些转介绍的客户。

一边通过抖音拓展新客户，一边把优质的老客户作为转介绍的获客渠道，只有这样才能让获客变得更轻松。获客稳定了，成交也就变得稳定了。

第59讲 ｜ 房地产中介做的是客户圈

2017 年之前，我在广州做业务，当时招聘过一个 18 岁的小伙子。我带了他 3 年，2020 年我出来创业，他继续留在之前的门店做经纪人。

2023 年 8 月，我刷朋友圈，偶尔刷到了他们公司的销冠榜，发现他是 8 月的销冠。于是，我给他打了一个电话："兄弟，可以啊，几年不见都当上销冠了！"

我让他跟我分享成为销冠的经历。他说 8 月成交了 6 单，4 套二手房，2 套新房，做了 40 多万元的业绩，到手的收入大概是 25 万元。

我问他："你的客户是怎么来的？"

他说全是老客户转介绍。他现在端口做得一般，抖音也不怎么做，但老客户接待不完，新客户全都是老客户转介绍来的。

我问他怎么让这些老客户转介绍新客户。他说自己入行 6 年了，就在这一家门店待着，就负责这个小区。他跟这个小区的很多业主非常熟悉，已经跟他们成了好朋友。

我讲这个案例是为了跟大家分享，现在做房地产中介，一定要重视那些跟我们产生过交集的人，尤其是跟我们买过房的客户、跟我们出租过房的业主、跟我们租过房的租客，一定要把这些关系维护好。

这些人跟你成交了，说明他们非常信任你，愿意跟你交朋友。

他们给你转介绍的新客户一定会非常精准，而且新客户多半也会非常信任你。

现在做房地产中介一定要两条腿走路，一边通过新媒体打造 IP、获取新客户，一边要不停地维护、转化老客户，尽量让老客户帮忙转介绍新客户。

关于老客户的维护，我想分享以下两个要点。

第一，把老客户当朋友。

你要把老客户当朋友，你对朋友什么样，你对老客户就要什么样，比如，逢年过节走动一下，平常关心一下，老客户遇到困难时伸出援助之手。

总之，只有你把老客户当朋友，他们才会把你当朋友。

第二，我们要让自己变得更有价值。

虽然老客户跟你买过房，但是他们也会看你最近的生活状态怎么样、工作状态怎么样，有没有成长、有没有进步，有没有变得越来越好。

现在，无论抖音还是视频号，都有朋友圈的效果，很多老客户都会刷到我们在抖音或视频号上发布的内容，进入我们的主页，也会关注我们有没有成长。

如果老客户看到你变得越来越强，他们把身边的亲朋好友介绍给你时才会更有底气。

如果你一直都是老样子，甚至萎靡不振，即使老客户跟你买过房，也会觉得你这个人不行，不像以前那么积极了，不是很靠谱。

我们一方面要保持跟客户的联系，另一方面也要让自己变得更有价值，让客户觉得跟我们交朋友是他的荣幸，他把身边的亲朋好友介绍给我们是靠谱的选择。

结识新客户，不忘老客户，把老客户维护好，慢慢地老客户转介绍会越来越多，我们在这个行业里就会做得越来越轻松，越来越有成就感。

│第60讲│ 用成功覆盖失败

有一次，我看到了一句让我感触很深的话："我们要用成功去覆盖我们的失败。"

有一段时间，我每次上课都会跟大家分享：失败真的是常态！

2023年7月，我本来已经约好7场线下培训课，最后都被无故取消了。我认真地分析原因，为什么谈得好好的，为什么都已经开始走签合同的流程了，最后还是会失败？我总结了自己的问题，大家看看自己有没有这样的问题。

第一个问题，客户对我的信任度不够。

我始终坚信：在这个行业，不成交大概率是因为客户对经纪人的信任不足。

客户对你的信任度有多高，取决于两个方面。第一个方面是，你是否展示了自己的专业度，客户是否认为你能解决他的痛点；第二个方面是，你跟进客户时是否把握住了节奏。经纪人跟进客户不能想怎么跟就怎么跟，而要从客户的角度出发，思考客户希望你怎么跟进他，因为绝大部分客户不会只有一个经纪人跟进，其他的很多经纪人也在跟进。

就像我，我的很多客户不光找老米，还会找老张、老刘、老王。我觉得某个单子没问题了，只等客户做决定了，所以没有去持续跟进，没有趁热打铁敲定。最后，客户可能联系了别的老师，对比了其他人的服务，而别的老师很热情，客户就找别的老师上课了。

第二个问题，我过分地相信了客户。

我遇到的很多店长经常跟我客气："哎呀，米老师，仰慕你很久了，早就想请你过来讲课了……"等我开始跟他约课的时候，他不说话了，要不就直接把我拉黑了。

卖房也是一样的，客户有时候只是习惯性地说一些客套话而已。

比如，有的客户可能对你说："哎呀，我就想找你买房，不管我跟谁看房，看完了都跟你买。"事实上，他回头就找别人成交了。

所以，经纪人对客户说的话要有自己的判断，要自己心里有数。

第三个问题，失败本身就是常态。

我们这个行业其实是一个靠概率的行业，能不能成交很多时候是一个概率问题。

2023年7月，我给广州碧桂园有瓦（碧桂园租售业务品牌）团队做培训，他们向我反馈了一些数据：广州有瓦团队6月新房带看700组，最终成交35套，转化率大概是5%。

广州碧桂园有瓦团队的业绩和能力在全国碧桂园有瓦团队里都是排在前面的，他们做新房业务，带看的转化率只有5%。

我觉得，在目前这个行情下，接待10个客户，最后有1个跟你成交，你已经非常优秀了。

认清了市场现状，下一步就是不断地提升自己的专业度。你的专业度提升了，客户对你的信任度自然就提升了。接着，我们要把握好跟进客户的周期，根据客户的节奏，与他们保持良好的沟通。

只要做好了这些，就不用过于担心最后能否成交了。有时候，这不是由我们决定的，而是由客户决定的。但是，作为经纪人，我们必须先尽力而为。

| 第61讲 | 赚钱周期

我之前听到过这样一句话:"挣钱往往就是三五年的时间。一个人的运势好,可能也就是那么三五年。赚到钱就赚到了,赚不到钱可能也就那样了。"

我做这个行业已经十几年了,见过太多的人赚到钱,也见过更多的人没有赚到钱,还见过很多人之前很风光,现在却很落寞。

以我个人的经验来说,我们这个行业赚钱其实就那么三五年,最容易赚钱的阶段是入行的第三年到第五年。你熬过了困难的第一年,第二年你对这个行业的理解比较深了,能力也上来了,而且积累了一定的房源和客户资源,一定会有爆发的那一天。做到第三年、第四年的时候,你一边跟手上的客户成交,一边有一些老客户转介绍,你很容易赚到钱。

过了五年之后,你一般有两个选择,要么带团队做店长,或者自己带团队出去创业,要么转向管理岗,完成从销售岗到管理岗的转变。

如果过了五年,你既没有在公司内部转岗,也没有带团队,而是继续做销售,你恐怕会面临非常残酷的现实:你的销售能力可能会下降,你的资源可能在减少。这个行业并不是做得越久越赚钱,你能拼、能赚钱的时间就是那么三到五年,你要在最能打的时候组建自己的团队,这样你就不是一个人在战斗,而是一个团队在战斗。有了团队,你就会变得更有价值。如果你一直单枪匹马自己干,越到后面可能越难受。尤其是现阶段的市场行情已经和之前不一样了,快速赚到钱的难度非常高。

如果你有一个团队,你的选择就会更多,你可以带着团队出去开发别的业务,哪个市场都是可以做的。

赚到钱的时候,一定要做好财务管理,千万不要觉得一个月3万元、5万元、10万元的收入水平能维持很久。你很有可能只有那么两三年的时间能赚到这些钱,过了这段时间,收入水平就会降下去。

大家对这个行业的期望值不要太高，要给自己定目标，要持续地进步。比如，你现在刚入行，你的目标应该是快速开单，积累房源、客户，提升自己的能力。

如果你入行超过 3 年，我建议你试着带团队、带徒弟，看看自己能不能带出一些忠心耿耿的徒弟将来跟你一起打拼。

如果你做了 5 年以上，我建议你深耕自己的板块，拿出刚入行时的热情，继续做这个行业。毕竟，市场还在，需求也在，客户也在，只是获客方式发生了变化，我们要用新的方法、新的思路去获客。

比如，说到拍短视频这个事情，很多人都说自己出不了镜，很难突破心理关。但是，短视频是这个时代赋予大家的新机遇，你接受不了这种形式，就没办法破局。

有很多老经纪人不想带团队，但是错过了这个发展期，就没有后悔药可吃了。任何行业都会有辉煌的时候，也会有低潮的时候。如果你不持续进步，就会被淘汰，而竞争会一直存在。

第62讲 | 房地产经纪人的必修课

房地产中介这个行业上岗容易，但入行很难，因为要学习的东西有很多，而且需要在工作的过程中根据遇到的问题有针对性地学习、总结。

为什么很多人上来就能干房地产中介这个行业呢？主要是因为在过去的一二十年房地产行业蓬勃发展，只要你懂一点销售，只要你愿意付出，你就可以开单，甚至做得很好。

但是，随着市场的饱和，从业人员越来越多，房地产中介行业的门槛渐渐变高了。当然，客户的水平也越来越高，我们必须努力成为更加专业的经纪人。

专业的经纪人要加强四个方面的学习。

第一个方面是房地产知识。

房地产知识包括市场行情、产品等很多方面。

先说行情。你要清楚地知道你所在城市每年、每个季度、每月新房和二手房的供应量、成交量，以及目前的挂牌情况。

比如，我在成都的双流区做经纪人，我就得知道双流区目前的新房和二手房有哪些，目前的挂牌价在什么水平，挂牌量怎么样，成交价在什么水平，成交量怎么样。

有人会问："这些数据去哪里找？"

你可以上网找，如果找不到，可以问问公司的同事和领导。根据我的经验，只要是入行超过 3 年的经纪人，基本上都能脱口而出。

为什么要掌握这些数据？因为我们卖的产品并不是孤立存在的，它们一定会跟周边的产品进行竞争、相互影响。我们只有了解市场行情，才能给房源定出合适的价格，否则就没有成交的机会。

再说产品。你要知道自己卖的房子地段如何，配套情况如何，小区环境如何，房子本身有哪些优点与缺点。你要知道你主推的小区在整个城市中处于什么区域，这个区域未来三五年的发展前景如何，周边的学校、医院和商业配套情况如何，交通状况如何，容积率、绿化率、楼间距分别是多少，有哪些户型，主力产品是什么。你还要记住你主推的房子的户型、朝向、楼层、装修情况等。

第二个方面是交易知识。

交易知识主要包括贷款、税费、交易流程等。

商业贷款、公积金贷款、交易税费、物业交割等都是需要经纪人了解和掌握的。

第三个方面是销售知识。

销售的第一步是看需求，看你所在城市的购房者有哪些需求，对新房有什么需求，对二手房有什么需求。

第二步是找产品。我们要想好为客户提供哪些产品，新房推什么产品，二手房推什么产品，这些产品的价格如何，档次如何，分别适合哪些客户。刚需型客户、改善型客户、养老型客户有各自的偏好，我们手上有什么产品，就去找什么样的客户。

第三步是找客户。我们要通过各种各样的方式把我们的产品宣传出去，找到潜在的客户。广告端口、短视频、转介绍、朋友圈、户外广告都是可用的渠道。

第四步是邀约匹配。客户看到了我们的房源，也跟我们联系了，我们就要思考应该用哪些技巧把他们约出来，约出来之后怎么匹配合适的房源，匹配完了如何带看，带看完了如何找到客户的痛点，找出客户对我们的房源有什么不满意的地方。只要逐一排除客户的疑惑，就有机会推进到成交阶段。

第四个方面是个人素质。

个人素质包括职业素养、商务礼仪及个人的知识储备。

要想成为优秀的经纪人，不仅要了解房地产知识，还要对教育、投资、家庭关系甚至公司经营、城市发展、历史人文有一些了解。

干房地产中介这个行业，都是边干边学。你遇到的每一个客户、业主、同事可能都是你的老师。

经纪人成长有一个过程，不是说干了几个月、一两年，就是一个全才了，什么都学会了。在我看来，不做个三五年，根本没有资格说自己是专业的经纪人。

做这个行业一定要坚持长期主义，一定要往后看，往长远看，把它当作长期甚至一辈子经营的事业。如果你能这样想，每天工作的时候，压力就没那么大了。

| 第63讲 | 选择大于努力

现在做房地产中介能不能做出名堂，不光取决于你的能力，还取决于你所处的平台、你所在的公司、你所在的团队、你的师傅和领导。

你能不能在这个行业里长期发展，在很大程度上取决于领你入行的师傅。

以前，房地产市场快速增长的时候，交易量很大，你自己干都可以。

但是，现在不一样了，你需要平台给自己提供房源和客户。

正常来说，一个新手进入一家房地产中介公司，至少得让师傅带3个月。师傅在这3个月里带徒弟干的事情主要有三件。

第一件事情，带着徒弟熟悉整个行业和完整的业务流程。

第二件事情，给徒弟一些基础资源，让他去跟进，让他逐步建立信心。

第三件事情，带着徒弟跟单，参与洽谈的过程。

如果师傅不认真，徒弟靠自己摸索是做不好这些事情的。现在的竞争太激烈了，一个经纪人单枪匹马地干是无法在未来的市场中立足的。

未来，做房地产中介一定要靠团队，一定要靠合作，才能把一张单谈成。千万不要想着一个人就能同时解决房源端和客源端的问题，整个单子的提成自己全拿走。

以后，这种情况越来越不可能发生，你一个人干不过一个团队。

作为经纪人，如果你长期不开单，你要认真考虑一下现在的团队能不能为你提供支持，能不能帮助你实现长期发展，能不能提供你需要的资源。只要你找到能帮助你的团队，你做起业务来就会事半功倍。

如果你是资深的经纪人，现在就要想办法做管理、带团队，让自己具备一定的管理能力。当你有能力带团队时，未来自己出去创业也好，换一个更好的环境发展也好，你都会更有底气。

|第64讲| 做一个有人格魅力的经纪人

我觉得，做房地产中介做到最后，做的是人格魅力。

客户跟你聊天，觉得你这个人特别有意思，认为跟你买房能从你身上获得别的东西，他就愿意跟你成交。

经纪人的人格魅力体现在哪些地方呢？我觉得主要有三点。

第一，能为客户提供情绪价值。

简单来说，就是你知道客户内心所想。

现在大家的生活压力都很大，都很不容易，你能不能理解别人、能不能换位思考是非常重要的。

比如，置换型客户往往同时面临家庭矛盾的压力、子女教育的压力、工作压力等，你能不能在跟进客户的时候，利用自己的人生经验帮助客户消除某些困惑？除了卖房，你能不能站在朋友的角度帮助客户解决他当前面临的一些问题？要多跟客户聊天，深入地聊天。

客户找谁买房不行，为什么非要找你呢？

有时候答案很简单，因为客户跟你聊得来。

为什么客户跟你聊得来呢？因为客户觉得你懂他。

第二，自身的专业度。

简单来说，就是我们有非常擅长的一些领域。比如，买房看似很简单，但是怎么买才能买对，怎么买才能不吃亏，怎么置换才合理，未来手上有多余的钱可以往哪个方向投入，都有很大的学问，这也是我们作为经纪人的看家本领。

如果客户觉得跟你成交之后，未来有什么房地产方面的问题都可以问你，可以从你身上得到很多资源，甚至觉得跟你买房是一种荣幸，你的专业度就到位了。

现在为什么很多经纪人把自己的抖音号做起来了？因为这些经纪人通过

抖音放大了自己的价值，放大了自己的强项，客户觉得他们非常专业，愿意跟他们成交。

第三，让客户找到归属感。

简单来说，就是客户能在你身上找到相似之处，如性格或爱好。也许你们都喜欢钓鱼，也许你们都喜欢跑步，除了买房还有很多能一起做的事情，就能慢慢地成为朋友，在别的领域产生一些合作，甚至成为挚友。

作为经纪人，我们自己要有趣，要有专业度，要通人性，只有这样，当遇到信任我们、跟我们有缘、跟我们双向奔赴的客户时，我们才有可能快速成交，并获得更多的转介绍。

当我们身边有几十个这样的客户时，就进入了做房地产中介最舒适的状态：做核心客户圈就够了。

第 65 讲 ｜ 创业思维

房地产中介门店经营有三个要素。

第一个要素是市场。

你要明确你到底做哪一块的生意，涉及哪些小区、哪个商圈、哪些新房项目。只有明确了业务范围，才知道市场到底有多大。

比如，你在某个商圈开了一家门店，这个商圈有四个小区，每年大概能成交 120 套房子。这时，你就很清楚你是专门做这个商圈的，市场体量是每年成交 120 套房子，按门店目前的人员配置和人员能力每年能成交 40 套，市场占有率大概是三分之一，这已经算是非常不错了。在此基础上做一些新房项目，这家门店就能经营得很好。

第二个要素是团队。

有了明确的市场之后，下一步就要组建团队。

团队其实就是帮你干活的，帮你把房源和客户收集回来，你负责做转化，或者你给大家找资源，让大家把这些资源盘活了，提炼出更多有价值的资源。

如果主做新房，你就得拿到很多优质的新房资源，为团队提供很多的新房产品，以保证团队的收入。

如果主做二手房，你就得想办法找更多的业主和房源，这样招进来的人才有活干。

团队管理包含方方面面，包括招聘、培训、日常管理等，最重要的是让大家留得住。

目前，培训的主要方法是师徒制，也就是小组作战。来了新人之后，给新人安排一位师傅，师傅带得好，这个徒弟就加入师傅的团队，师傅可以拿到一定的管理提成。

如果师傅干得好，完全可以让师傅出去单独开一家店，这是一种良性循环。当你有能力组建一个团队、管理好一个团队时，你可以慢慢地培养徒弟，整个团队的效率就起来了。效率起来了，他们跟着你赚到钱之后，你就不用在招聘上花费太多的心思，他们自然而然就会把身边的人拉过来跟你一起干。

第三个要素是执行。

确定了市场方向，有了团队，下一步就是执行。

执行力非常关键，要想提升执行力，店长就要以身作则。店长想让大家拍短视频，自己先打个样。如果店长没有时间和精力，至少要找一些老师给员工做培训。店长要求下面的经纪人去做新房之前，也要先打个样，成交几套新房。

做这些事情不是为了彰显店长的能力，而是让大家看看，业务就是这么做的，照着做就行了，而且能给大家一些信心、一些方向。经营门店最怕的就是店长跟下面的经纪人之间没有任何信任感，店长干店长的，经纪人干经纪人的，经纪人觉得店长没有帮他们，店长觉得经纪人没干活。一旦团队内部产生矛盾，人员大量流失，店长就成了光杆司令了。

做房地产中介要有创业思维，这是一种做生意的思维，不是打工的思维。

打工跟创业完全不一样。如果是打工，你得听领导的，领导让你干什么你就得干什么。

但是，现在好多经纪人是没有底薪的，你不开单，连生活费都没有着落，收入多少全靠自己，你干房地产中介其实就是在做生意。

做生意要有自驱力，你得知道每天干什么，你得知道用哪些方式才能赚到钱。而且，做生意是有可能赔钱的，有一定的风险。这就是目前房地产中介行业的现实，房地产中介并不是一种传统的工作。

我们要把创业思维贯彻到工作中。我们做任何事情都是给自己做的，比如，我们拍短视频是给我们自己拍的，不是给公司拍的。

2023 年 9 月，我在广州上课，很多老经纪人向我抱怨，觉得公司天天安排他们拍短视频，太浪费时间了。

我说："停，不是公司安排你拍短视频，而是你想赚钱，你想获客，你想开单，你就得拍短视频。很多公司已经是零底薪了，怎么还会要求你做这些呢？"

不管做什么，打电话也好，拍短视频也好，都是在给自己干。

开单多了，成交量大了，赚到钱了，你是不是可以自己出去创业？

当你有了这种创业思维时，你做任何事情，都会觉得是在给自己干。你现在积累的任何一个客户、任何一个房源，都是你自己的资源。如果你能有这样的心态，看待很多事情的角度就不一样了。

既然是创业，就要有承担压力的心理准备。比如，你做别的生意有可能亏钱，你现在干房地产中介是不是也会有一个月不开单甚至两个月不开单的情况呢？遇到这种情况，你能不能扛得住？

如果你满脑子都是打工思维，你肯定扛不住。很多人会说："我要还房贷，我要还车贷，不赚钱的话，我就不干了！"这么说的人多半觉得行业不好，自己收入上不去是行业有问题，但反过头来想想，是不是你的选择有问题呢？

既然选择了房地产中介这个行业，你就要承担进入这个行业的风险。收益往往跟风险成正比，收益越高，风险越大。

你现在去餐馆打工，有没有风险呢？可能风险很小，但一个月只能挣几千元。你不想每个月只挣几千元，你想挣几万元，所以你选择了做房地产中介。

在任何一个行业，赚到很多钱的都是少数人。你能不能赚到钱，要看你的意志力够不够强，你愿不愿意付出比别人更多的努力，愿不愿意调整心态，以创业思维去做自己的工作。只要你在这个行业里找准自己的位置，找到创业的感觉，每天充满激情地干，我相信你一定能干好。

| 第66讲 | 长期主义

房地产这个行业会不会越来越好？

我认为，三五年之内恐怕就是目前这个样子，大家要做好心理准备。未来每年总的成交量就这么多，一个城市的成交量就这么多，很难出现较大的增量。

每一个行业都有到达瓶颈的时候，无论快消品行业还是药品行业，总会有一个峰值，总有一天会进入饱和的状态，一定周期内的成交量就这么多了，这时从业人员想发大财基本是不可能的。

大家现在从事房地产中介行业，一定要坚持长期主义。千万不要听信网上某些人对这个行业的鼓吹，更别相信某些"成功学大师"，他们说用了某种方法就能一下成交几百单，他们这么说只是为了卖自己的课程。

我去每一个城市讲课之前都会做市场调研。比如，2023年8月，我去温州给21世纪不动产做专场培训，课程主题是"议价与谈判"。

我在讲课之前做了一下调研，我查了当时温州二手房成交量较大的小区的分布情况，以及各个小区的挂牌量、挂牌价、成交量、成交价等。

我发现，很多二手房的成交周期很长，挂牌成交比很高。比如，鹿城区某个小区8月的挂牌量是25套，带看量是18组，但没有成交。

如果你是专门做这个小区的二手房的，你别跟我吹牛说卖了多少套这个小区的房子，数据就在那里摆着呢，根本没有成交！

这个小区的二手房均价是28 000元/平方米，离这个小区大概3千米的地方有一个新小区，配套设施差不多，新房均价是19 000元/平方米。

各位想想，28 000元/平方米的二手房和19 000元/平方米的新房，如果你是"刚需族"，你会怎么选？答案不言而喻，价格在那里摆着呢！

当然，新房价格"倒挂"这种现象在很多地方都有。

我想说的是，要想成交更多的单子，一定要选择成交量大的商圈，选择热门产品。只要产品选对了，无非就是多付出一些，最后一定会有成果。

你如果相信这个行业，那就坚持去做，一定能拿到结果。

你可能会说，不开单，我吃什么？

你可以做租单，可以做热门新房，可以做"短平快"的二手房。只要你每天坚持获房获客，就不可能一直不成交。

但是，如果你总想着一个月赚几十万元，那就太不现实了，这种事情发生的可能性太低了。

做哪个行业都不容易，不要觉得做别的行业会容易一些，你在自己的行业里都没有干出什么名堂，你还要去挑战别的行业吗？

本书附赠资源

打造房地产 IP 视频课
（扫码即可观看，建议在手机上操作）

第1讲	第2讲	第3讲	第4讲

第5讲	第6讲	第7讲	第8讲

第9讲	第10讲

短视频文案模板
（访问下方链接即可下载，建议在计算机上操作）

https://box.ptpress.com.cn/y/65230